Der Kinderschutzbund Landesverband Sachsen e.V.
Tierra – Eine Welt e.V.
Landkreis Görlitz

Reflexion pädagogischen Verhaltens

Orientierungskatalog für Fachkräfte in Kitas

verlag das netz
Weimar

Herausgeber:
Der Kinderschutzbund Landesverband Sachsen e.V.
Messering 8A, 01067 Dresden
www.kinderschutzbund-sachsen.de

Tierra – Eine Welt e.V.
Elisabethstr. 10/11, 02826 Görlitz
Netzwerkbüro Kinderschutz und Frühe Hilfen
Lutherplatz 4, 02826 Görlitz
www.sfws-goerlitz.de und www.tierra-goerlitz.de

Landkreis Görlitz
Bahnhofstraße 24, 02826 Görlitz
Postanschrift: Landkreis Görlitz, Landratsamt/Jugendamt
PF 300152, 02806 Görlitz
www.kreis-goerlitz.de

Diese Maßnahme wird mitfinanziert durch Steuermittel auf der Grundlage des vom Sächsischen Landtags beschlossenen Haushaltes. Gefördert vom Landkreis Görlitz.

Autorinnen:
Anne Marung, Peggy Radtke, Wenke Röhner, Ramona Frinker, Katja Barke

Entwickelt mit pädagogischen Fach- und Leitungskräften aus Kitas, Kita-Fachberatungen und Ausbildungsträgern sozialer Berufe in Sachsen.
Entstanden unter juristischer Begleitung von Prof. Beate Naake (Evangelische Hochschule Dresden, Professur für Recht und Verwaltung).

Rückmeldung zur Weiterentwicklung und Anwendbarkeit des Orientierungskatalog bitte an:
orientierungskatalog@kinderschutzbund-sachsen.de

ISBN 978-3-86892-188-5

Gestaltung: Jens Klennert, Tania Miguez
Titelbild: santypan
Printed in Germany

Inhalt

Einführung

»Jedes Wort wirkt! Jedes Wort bewirkt und jedes Wort hat eine Auswirkung.«

Lea Wedewardt

Der Alltag mit Kindern ist vielfältig, aufregend und herausfordernd. Dies gilt nicht nur für Eltern, sondern auch Fachkräfte in Kindertageseinrichtungen, die täglich liebevoll Kinder in ihrer Entwicklung unterstützen und verantwortungsvoll begleiten und betreuen.

»Hier machen Kinder sehr früh in ihrem Leben prägende und schützende Erfahrungen: In der Kita haben Mädchen und Jungen die Chance, sich als Teil einer Gemeinschaft zu erleben, in der die Bedürfnisse aller Bedeutung haben, wo sich nicht die Großen, Starken und Groben durchsetzen. Wo Erzieherinnen und Erzieher sie darin unterstützen, ihre Gefühle und Grenzen wahrzunehmen, zu zeigen, sich dafür einzusetzen und zu wehren, aber auch sich Unterstützung zu holen, wenn andere sich darüber hinwegsetzen oder sie verletzen. Erzieherinnen und Erzieher tragen täglich dazu bei, Mädchen und Jungen in ihrem Selbstbewusstsein zu stärken. Sie ermöglichen früh die Beteiligung von Kindern an Entscheidungen, ermutigen sie, ihre Wünsche und Beschwerden vorzubringen, und fördern damit ganz maßgeblich das Kindeswohl.«[1]

Viele gesetzliche Grundlagen und Empfehlungen geben hierfür den Rahmen, um in diesem Sinne Kindern ein gesundes und sicheres Aufwachsen zu ermöglichen.

- UN-Kinderrechtskonvention: z.B. das Recht auf Schutz vor Gewalt, auf Bildung, auf Beteiligung und auf Gleichbehandlung
- Der Sächsische Bildungsplan: gilt als Grundlage für die tägliche Praxis von pädagogischen Fachkräften in Kindertageseinrichtungen (2006)
- Betriebserlaubnis § 45 SGB VIII Abs. 2 Satz 4: »... zur Sicherung der Rechte und des Wohls von Kindern und Jugendlichen in der Einrichtung, wobei die Entwicklung, Anwendung und Überprüfung eines Konzepts zum Schutz vor Gewalt, geeignete Verfahren der Selbstvertretung und Beteiligung sowie die Möglichkeit der Beschwerde in persönlichen Angelegenheiten innerhalb und außerhalb der Einrichtung gewährleistet werden.« (in Verbindung mit den Qualitätsmerkmalen nach § 79a SGB VIII)
- »Handlungsleitlinien für Kinderschutzkonzepte zur Prävention und Intervention in Kindertageseinrichtungen« (der BAG der Landesjugendämter 2016) in Verbindung mit der »Empfehlung zur Erstellung eines Kinderschutzkonzeptes für Kindertageseinrichtungen im Freistaat Sachsen«. (Landesjugendhilfeausschuss 2021)
- Initiative »Kein Raum für Missbrauch« des Unabhängigen Beauftragten für Fragen des sexuellen Kindesmissbrauchs.

Diese Aspekte unterstützen die zur entwicklungsförderlichen Betreuung und Bildungsbegleitung notwendige Kindorientierung und Kindzentrierung. Diese implizieren neben den Bildungsprozessen auch die Kindeswohlperspektive sowie die Umsetzung der Kinderrechte und der Beteiligung in Kindertageseinrichtungen. So kann sichergestellt werden, Kinder zu stärken und sichere Orte zu schaffen, in denen sich Kinder geborgen fühlen und sich bei Bedarf anvertrauen können.

In Auseinandersetzung und Aufarbeitung mit den Missbrauchsfällen in Einrichtungen der Bildung und Jugendhilfe hat sich deutlich herauskristallisiert: »Junge Kinder sind besonders gefährdet, denn sie können Missbrauchshandlungen nur schwer einschätzen und benennen und sind den Manipulationen hilflos ausgeliefert. Ihre Offenheit und ihre Bereitschaft zu Bindung und Vertrauen macht sie äußerst verletzlich. Der Bereich der frühkindlichen und Vorschulerziehung ist auch deshalb ein sehr sensibler Bereich, weil körperliche Nähe bei Pflegehandlungen, beim Trösten, Kuscheln und Toben zum Alltag gehören.«[2]

Das erfordert vor allem die Auseinandersetzung mit Nähe und Distanz und dem damit einhergehenden Machtverhältnis zu Kindern, den Umgang in Konfliktsituationen sowie die Art und Weise der Kommunikation mit dem Kind. Die kindliche Bedürfnisorientierung und die Beachtung kindlicher Signale geben hierbei die Richtung zur Beziehungsgestaltung an und überlassen diesen sensiblen Bereich nicht dem Temperament und der Befindlichkeit einzelner Fachkräfte.

In Schulungen und Gesprächen mit Fachkräften ist nachdrücklich spürbar, dass es ihnen sehr wichtig ist, dass ihre Einrichtungen sichere Orte für Kinder sind.

Doch ist die Auseinandersetzung mit Aspekten des internen Kinderschutzes und institutioneller Kindeswohlgefährdung auch mit Angst besetzt und mündet manchmal sogar in der Frage: »Was darf ich überhaupt noch?«

Deshalb haben wir – aufbauend auf einrichtungs- und trägerspezifische Arbeitsinstrumente sowie Verhaltensampeln – eine Orientierungshilfe für angemessenes pädagogisches Verhalten in der Betreuung von Kindern in Kindertageseinrichtungen (bis zum Schuleintritt) entwickelt.

Über das gewählte Ampelsystem wird auf einem Blick pädagogisch wertvolles Verhalten in Abgrenzung zu Grenzverletzungen, Übergriffen bzw. nicht tolerierbarem pädagogischen und strafrechtlich nicht akzeptablem Verhalten erkennbar. Unsere Intention ist, Sicherheit für die Fachkräfte zu schaffen, aufzuzeigen, was erlaubt ist und was nicht, was angemessen ist, was Kinder verletzt, was arbeits- oder sogar strafrechtliche Schritte nach sich ziehen kann. Hierfür wollen wir interne Diskussions- und Reflexionsprozesse zur Auseinandersetzung mit Schutzaspekten von Kindern anregen und die Haltung zum Kind schärfen.

1+2 vgl. https://www.kein-raum-fuer-missbrauch.de/schutzkonzepte/kita (Stand: 27.10.2021)

Anwendung

»Es ist nicht genug zu wissen, man muss es auch anwenden; es ist nicht genug zu wollen, man muss es auch tun.«

Johann Wolfgang von Goethe

Die Erarbeitung des Orientierungskatalogs resultiert aus den gesetzlichen Bestimmungen zum Schutz von Kindern in Kindertageseinrichtungen. Sie wurde unter Einbezug von pädagogischen Fach- und Leitungskräften aus Kitas, Kita-Fachberatungen und Ausbildungsträgern sozialer Berufe entwickelt.

Entsprechend der Erweiterung der Anforderungen an die Erteilung einer Betriebserlaubnis (gemäß § 45 SGB VIII) und zur Konkretisierung der Meldepflichten von erlaubnispflichtigen Einrichtungen nach § 47 SGB VIII signalisieren Ihnen die nachfolgenden Seiten, auf welche Kriterien (Merkmale und Gefährdungsgrade) zum Erkennen von angemessenem und unangemessenem pädagogischem Verhalten sich die Beteiligten verständigt haben.

Dieses Instrument für Kindertageseinrichtungen von der Krippe bis zum Schuleintritt ist entwickelt worden, um den (Schutz-)Bedürfnissen vor allem junger Kinder gerecht zu werden.

Zur besseren Handhabung gibt es folgende Kategorien:

- Professionelles Verständnis
- Nonverbale und verbale Zuwendung
- Bildung und Entwicklung
- Regeln und Konsequenzsetzung
- Aufsicht und Schutz vor Gefahren
- Ernährung
- Schlafen
- Körperpflege

Die Orientierungshilfe …

- bietet Ihnen Anregungen zur Selbstreflexion.
- ermöglicht Teamreflexion und fordert zur Auseinandersetzung im Team auf – vor allem bezogen auf Haltungsfragen und dem konkreten Umgang mit Kindern.
- unterstützt als Diskussionsgrundlage die konzeptionelle Arbeit und gibt Themenvorschläge für pädagogische Tage.
- gibt Orientierung bei Verdachtsmomenten von unangemessenem Verhalten und soll dahingehend unterstützen, wahrgenommene Beobachtungen einzuordnen, anzusprechen und zu reflektieren. (Wie kam es dazu? Was wurde bereits versucht? Welche Absprache gibt es bezüglich des Kindes? ...)

Die Auseinandersetzung mit dieser Orientierungshilfe erfordert Zeit und den entsprechenden Reflexionsrahmen, um die beschriebenen Kurzsequenzen mit konkreten Beispielen aus dem Arbeitsalltag einrichtungsbezogen zu untersetzen.
- Welche Alternativen können wir dem Kind anbieten, um zur Ruhe zu kommen? Was beinhaltet achtsame Pflege?
- Wie stellen wir sicher, dass die unterschiedlichen und individuellen kindlichen Signale (auch nonverbale) von Zustimmung und Ablehnung erkannt werden? Wie gelingt es uns, mit Kindern Regeln zu besprechen bzw. aufzustellen?
- Welche Konsequenzen setzen wir ein, um aus »Regelverstößen« eine Lernsituation für das Kind zu schaffen?
- Wann gilt bereits ein Eingriff in die körperliche Unversehrtheit und welche Regelungen gelten für die Reaktion im Gefahrenfall?

Viele Träger und Kindertageseinrichtungen haben sich bereits auf den Weg gemacht und sich mit verschiedensten Themen zum Schutz von Kindern auseinandergesetzt. Dabei stoßen sie nicht selten auf Stolpersteine im Kita-Alltag, die grenzverletzendes Verhalten begünstigen können. Hierzu zählen Stressoren aus dem strukturellen und dem persönlichen Bereich:
- herausfordernde Rahmenbedingungen (zeitliche bzw. personelle Ressourcen),
- unterschiedliche Wissens- und Kenntnisstände von Teammitgliedern sowie fehlende/unzureichende Ausbildungs- und Weiterbildungsinhalte,
- unterschiedliche persönliche Eignung in der Arbeit mit Kindern sowie verschiedene Sozialisationsprozesse, ggf. selbst erlebte Gewalt,
- eine unzureichende Kommunikations- und Fehlerkultur, um Irritationen und Beobachtungen untereinander anzusprechen zu können,
- Überforderungen in Krisensituationen.

All diese Faktoren müssen klar und nachvollziehbar ange- und besprochen werden. Fachkräfte benötigen und verdienen hier einen klaren Rahmen, wie sie die verschiedensten Herausforderungen pädagogisch wertvoll angehen und lösen können sowie wo, wann und wie sie sich Unterstützung holen können.

Denn es muss zwingend verhindert werden, dass ungünstige Rahmenbedingungen als Erklärungshintergrund für grenzverletzendes und übergriffiges Verhalten gegenüber Kin-dern dienen. Die Haltung gegenüber dem Kind bzw. den Kindern darf demzufolge nicht abhängig von den Rahmenbedingungen sein.

Mit diesem Orientierungsinstrument möchten wir interne Diskussions- und Reflexionsprozesse zur Auseinandersetzung mit Schutzaspekten von Kindern anregen und die Haltung zum Kind schärfen. Und in diesem Sinne Fachkräfte, Teams und Einrichtungen bei dem Prozess unterstützen, sichere Orte für Kinder zu werden, zu sein und zu bleiben.

Es zeigt daher verschiedene Bereiche des Kita-Alltags auf und gibt in den einzelnen Settings einen Überblick über

- kindeswohlunterstützendes Verhalten
- unangemessenes/grenzverletzendes Verhalten
- kindeswohlgefährdendes Verhalten

Das kindeswohlgefährdende Verhalten wird unterteilt in nicht tolerierbares pädagogisches Verhalten und gegebenenfalls strafrechtlich relevantes Verhalten.

Vordergründig wird das Verhalten der Fachkraft gegenüber dem einzelnen Kind in der Gruppe betrachtet. Die grüne Spalte soll als Richtschnur und somit als wegweisend betrachtet werden.

Zur Festlegung und Überprüfung des Handlungsrahmens benötigt es vor allem einen internen Auseinandersetzungsprozess, der unter anderem in festen Teamzeiten für Austausch, Fallbesprechungen und Dienstberatungen, Supervision und Fortbildung gegeben werden kann. So kann sichergestellt werden, dass Prozesse, Strukturen und Abläufe regelmäßig betrachtet werden.

Damit es nicht zu Missverständnissen kommt:

Der Fokus dieser Orientierungshilfe liegt auf der Reflexion und dem Lernprozess im Sinne einer Fehlerkultur.

Er ist nicht angedacht für eine gesamte Verhaltensbewertung und zum Screening von Fachkräften. Die Wertschätzung der pädagogischen Arbeit der Fachkräfte soll im Vordergrund bleiben.

Juristische Hinweise

Grenzverletzungen können im Kita-Alltag passieren. Eine Fachkraft, die kindeswohlunterstützend agiert, würde aus der kindlichen Reaktion auf eine von ihr unbewusst vorgenommene Grenzverletzung auch in Erwägung ziehen, dass sie subjektive Grenzen des Kindes verletzt hat und ihr bisheriges Agieren anpassen.

Wenn die Fachkraft durch Festhalten ein Kind daran hindert, auf eine vielbefahrende Straße zu laufen, macht sich die Fachkraft trotz des Eingriffs in die körperliche Unversehrtheit nicht der Nötigung strafbar, denn ihr Handeln trägt zum Schutz des Kindes bei und ist gerechtfertigt.

Wenn Fachkräfte die Situation reflektieren, in den Gesamtkontext begründet einordnen und ggf. ihr eigenes Verhalten ändern, unterscheidet sich pädagogisch wertvolles von unangemessenem bzw. kindeswohlgefährdenen Handeln.

Übersicht der Kategorien

Professionelles Verständnis

Gewaltfreiheit; Eingewöhnung und »Übergänge« sensibel begleiten; Professionelle Nähe im Alltagsgeschehen mit Kindern; Professionelle Nähe im Alltagsgeschehen mit Erwachsenen; Kommunikation und Verhalten der Erwachsenen; Umgang mit Beschwerden; Sexualität und Intimsphäre; Umgang mit Bildern

Nonverbale und verbale Zuwendung

Wertschätzung; Gleichbehandlung; Mimik und Gestik; Interaktion; Wortwahl und Inhalt; Umgangston; Anrede; emotionale Zuwendung; Geheimhaltung/Erpressung

Bildung und Entwicklung

Umgang mit Gefühlen; Sexuelle Bildung; Nein-Sagen und weitere Präventionsbotschaften; Soziale Bildung; Unfallverhütung/-prävention; Teilnahme an Angeboten und Aktivitäten

Regeln und Konsequenzsetzung

Regeln; Umsetzung von Gruppenregeln; Erziehungsmaßnahmen/Konsequenzen

Aufsicht und Schutz vor Gefahren

Aufsicht; Erkennen von baulichen Gefahrenquellen; Erkennen von strukturellen Gefahrenquellen; Reaktion im Gefahrenfall; Reaktion auf Gefahrenfall/Unfallnachsorge; Eingriff in die körperliche Unversehrtheit; Kleidung; Medikamentengabe; Maßnahmen bei selbstverletzendem/selbstgefährdendem Verhalten; Eingreifen in Verhalten der Kinder untereinander; Umgang mit kindeswohlgefährdenden Situationen nach § 8a SGB VIII; Umgang mit kindeswohlgefährdendem Verhalten durch eine andere Fachkraft; Umgang mit grenzverletzendem Verhalten durch eine andere Fachkraft; Hygieneverhalten der Fachkraft; Legale/illegale Drogen im Dienst/in der Einrichtung

Ernährung

Nahrungsangebot/Setting der Mahlzeiten; Hilfestellung/Selbstständigkeit; Nahrungsqualität; Wahl der Nahrung; Nahrungsmenge

Schlafen – Ruhen – Wachen

Schlaf-, Ruhe-, Wachsituation; Schlafplatz

Körperpflege

Windelwechsel; Sauberkeitsentwicklung; Toilettengang/Toiletten; Waschsituation; Haare und Nägel; Zähne putzen; Nase putzen

Der Orientierungskatalog

	Kindeswohlgefährdend	
	Strafrechtlich relevantes Verhalten (StGB)	Nicht tolerierbares pädagogisches Verhalten (BGB, SGB VIII)
Erläuterung zur Einordnung	Dieses Verhalten ist u.a. strafrechtlich untersagt: § 239 StGB – Freiheitsberaubung § 240 StGB – Nötigung § 241 StGB – Bedrohung § 223 StGB – Körperverletzung, einschließlich der qualifizierten Tatbestände wie gefährliche Körperverletzung § 223 ff. StGB – Straftaten gegen die körperliche Unversehrtheit, z.B. § 225 StGB Misshandlung Schutzbefohlener §§ 174 ff. StGB – Sexualstraftaten, z.B. § 184 StGB Verbreitung pornografischer Inhalte § 130 StGB – Volksverhetzung § 185 StGB – Beleidigung § 211 ff. StGB – Tötungsdelikte Die hier aufgeführten Tatbestände sind strafbar, es sei denn, es liegt ein Rechtfertigungsgrund vor, z.B. Notwehr, Notstand bzw. eine Einwilligung oder Entschuldigungsgrund.	Bei diesem Verhalten können betriebserlaubnisrelevante, arbeitsrechtliche und zivilrechtliche Gesetzlichkeiten greifen. Damit ist übergriffiges Verhalten gemeint, bei dem die Fachkraft bewusst die Grenzen des Kindes, seiner Eltern, die geltenden Werte in der Einrichtung oder pädagogische Standards missachtet. Übergriffiges Verhalten passiert mit Absicht oder vorsätzlich und ist nicht zufällig. Die Fachkraft nimmt eine Schädigung des Kindes bzw. Kindeswohls mindestens billigend in Kauf. Übergriffiges Verhalten ist der Ausdruck eines unzureichenden Respekts der Fachkraft gegenüber dem Kind. Sie missbraucht ihre Machtstellung als Erwachsene bewusst gegenüber dem Kind. Die Fachkraft ist evtl. nicht bereit zur Reflexion, Verhaltensänderung und Wiedergutmachung. Es kann sich dabei auch um ein Verhaltensmuster der Fachkraft handeln. Übergiffiges Verhalten zeigt grundlegende fachliche und/oder persönliche Defizite der Fachkraft auf. Es bezieht sich daher auch auf Unterlassen von Fürsorge-, Aufsichts- und Organisationspflichten.

Unangemessen	Angemessen
Grenzverletzendes Verhalten	Kindeswohlunterstützendes pädagogisches Verhalten
Grenzverletzendes Verhalten verletzt die persönlichen Grenzen des Kindes, seiner Eltern, die geltenden Werte oder die pädagogischen Standards in der Einrichtung. Dies kann versehentlich (objektiv, z.B. durch Anrempeln) oder aufgrund persönlicher Unzulänglichkeiten (subjektiv, z.B. Zunahekommen in einem Gespräch) passieren. Weil bei grenzverletzendem Verhalten auch die individuellen/subjektiven Grenzen des Kindes eine Rolle spielen, sind zunächst diese Grenzen für die Fachkraft nicht immer offensichtlich. Daher sind Grenzverletzungen nicht immer zu vermeiden. Sie geschehen meist unbewusst und unwissend. Umso mehr spielt hier die Fähigkeit der Fachkraft zur Selbstreflexion und zur Wahrnehmung kindlicher Bedürfnisse eine ausschlaggebende Rolle. Grenzverletzendes Verhalten bezieht sich ebenfalls auf die Verletzung von Normen und Werten und umfasst die unzureichende Ausführung von Fürsorge-, Aufsichts- und Organisationspflichten der Fachkraft.	Das Verhalten der Fachkraft ist pädagogisch professionell und entspricht dem heutigen Stand in der Fachwelt und den geltenden Werten in der Gesellschaft. Mit Blick auf das einzelne Kind im Gruppensetting wird das kindliche Wohlbefinden sichergestellt. Die Rechte und Belange des Kindes sind gewahrt. Die Fachkraft hat eine positive Grundhaltung gegenüber dem Kind, zeigt sich verlässlich im Beziehungsangebot und verhält sich regelkonform. Die Einrichtung erfüllt entsprechend der Betriebserlaubnis und den rechtlichen Vorgaben den Erziehungs- und Bildungsauftrag. Die Fürsorge-, Aufsichts- und Organisationspflichten der Fachkraft, der Leitung und des Trägers werden umgesetzt. Die Konzeption der Einrichtung ist kindgerecht, kindzentriert und kindorientiert ausgerichtet. Diese beinhaltet u.a. ein Schutzkonzept mit festgeschriebenen Möglichkeiten zu Beteiligung und Beschwerde sowie einen Verhaltenskodex, der das Nähe-Distanz-Verhalten zwischen Kindern und Erwachsenen klar regelt. Die im Schutzkonzept hinterlegten Prinzipien stehen im Konzept und sind gelebte Praxis in der Einrichtung.

Professionelles Verständnis

	Kindeswohlgefährdend	
	Strafrechtlich relevantes Verhalten (StGB)	Nicht tolerierbares pädagogisches Verhalten (BGB, SGB VIII)
Gewaltfreiheit[3]	Unter Strafe stehen, unter anderem, Körperverletzung, also körperliche Gewalt und Nötigung (auch in Form von psychischer Gewalt durch Drohung) begeht.[4]	Jegliche Form der körperlichen, psychischen Gewalt sowie entwürdigende Maßnahmen durch die Fachkraft sind unzulässig.
Eingewöhnung und »Übergänge« sensibel begleiten	Die Fachkraft wendet körperliche Gewalt bei der Eingewöhnung oder der Übergangsgestaltung an.	Die Fachkraft wendet psychische Gewalt oder entwürdigende Maßnahmen bei der Eingewöhnung oder der Übergangsgestaltung an. Die Fachkraft setzt das Eingewöhnungs- und Übergangskonzept nicht um.
	Die Fachkraft bedroht und beleidigt das Kind und/oder dessen Eltern, wenn Übergänge nicht reibungslos funktionieren. Der Ablöseprozess erfolgt durch die Fachkraft unter Gewalt, massivem Zwang, Beschimpfungen und nötigendem Verhalten.	Die Fachkraft missachtet die deutlichen Signale des Kindes und der Eltern in Eingewöhnungs- und Ablösesituationen. Die Fachkraft schimpft wiederholt mit dem Kind/den Eltern, wenn Übergänge nicht reibungslos funktionieren und setzt es/sie weiter unter Druck.

3 körperliche Gewalt, z.B.: (mit Gegenständen) schlagen, schubsen, zerren, fixieren/festbinden, schütteln, treten, verbrennen/verbrühen, vergiften, unterkühlen, würgen, Pflaster auf Mund kleben; freiheitsentziehende Maßnahmen (z.B. festbinden, Kindergeschirr mit Leine)
psychische Gewalt bzw. entwürdigende Maßnahmen, z.B.: demütigen, in die Ecke stellen/isolieren, abwerten, Kind (nackt) vorführen, Kind absichtlich bloßstellen, gezieltes Verspotten von Blick- beziehungsweise Gesprächskontakt) Eingriffe in den Intimbereich, angstauslösendes Ausschlagen eines Versöhnungsangebots oder entwürdigende Bestrafungen (z.B. Verweigern Bedrängen)

<table>
<tr><th>Unangemessen</th><th>Angemessen</th></tr>
<tr><th>Grenzverletzendes Verhalten</th><th>Kindeswohlunterstützendes pädagogisches Verhalten</th></tr>
<tr><td></td><td>Alle in der Einrichtung Tätigen verhalten sich gewaltfrei. In der Einrichtung gibt es ein Konzept zur Gewaltprävention.

Die Kinder werden über ihre Rechte in Bezug auf die Gewaltfreiheit aufgeklärt.

Die Fachkraft bezieht aktiv Stellung gegen Gewalt und ist sich ihrer Machtposition bewusst.

Die Fachkraft thematisiert aktiv Grenzverletzungen im Team.</td></tr>
<tr><td>Die Fachkraft kennt nicht den Entwicklungsstand, die Biografie und bei Übergängen in andere Gruppen die Beziehungsfähigkeit des Kindes und kann somit in Eingewöhnungs- und Ablösesituationen nicht adäquat darauf reagieren.</td><td rowspan="2">Eingewöhnungen und Übergänge sind kindorientiert, spielerisch und ohne Erfolgsdruck. Sie orientieren sich an der Situation des Kindes und seiner Biografie.

Ablöseprozesse erfolgen liebevoll, individuell und sprachlich begleitet. Kind und Eltern werden bestärkt und es wird möglichst so viel Zeit und Raum gelassen, wie benötigt wird.

Die Eltern werden zu Entwicklungen und Verhaltensweisen in der Eingewöhnung und bei Übergängen gut informiert. Gespräche mit den Eltern finden auf Augenhöhe statt.

Im Team gibt es klare Absprachen und Wissen um Beziehungsgestaltung bei Eingewöhnungen und Übergängen. In der Einrichtung gibt es ein für alle transparentes Konzept zur individuellen Eingewöhnung.</td></tr>
<tr><td>Die Fachkraft nimmt die feinen, subtilen Signale des Kindes/der Eltern in den Eingewöhnungs- und Ablösesituationen nicht wahr.</td></tr>
</table>

sexualisierte Gewalt, z.B.: Kind mit/ohne Einverständnis oder gegen seinen Willen streicheln; küssen; körperliche Nähe erzwingen; ein Kind ohne Notwendigkeit an den Genitalien berühren; zur Selbstbefriedigung oder zu sexuellen Posen auffordern; Kind bei der eigenen Selbstbefriedigung zuschauen lassen; anale, vaginale und orale Penetration; Gegenstände vaginal/oral einführen; Kinder nackt beim Baden oder in aus Erwachsenensicht sexuell anal/aufreizenden Positionen/Posen fotografieren oder filmen Kind sexuell stimulieren; sexuelle Handlungen durch ein Kind an sich vornehmen lassen; Kind

4 z.B.: Wer einen anderen Menschen rechtswidrig mit Gewalt oder durch Drohnung mit einem empfindlichen Übel zu einer Handlung, Duldung oder Unterlassung nötigt.

	Kindeswohlgefährdend	
	Strafrechtlich relevantes Verhalten (StGB)	Nicht tolerierbares pädagogisches Verhalten (BGB, SGB VIII)
Professionelle Nähe im Alltagsgeschehen mit Kindern		Die Fachkraft orientiert das Tagesgeschehen an ihren eigenen Bedürfnissen, z.B. zieht sie Pausen in die Länge. Die Fachkraft ist nicht zur Perspektivübernahme von kindlichen Bedürfnissen fähig und/oder bereit, z.B. zeigt keine Gesprächsbereitschaft, hat kein Interesse am Rausgehen, zeigt Desinteresse am Angebot. Die Fachkraft instrumentalisiert das Kind zur Befriedigung der eigenen Bedürfnisse.
	Die Fachkraft nimmt das Kind auf den Schoß, streichelt oder küsst es zur eigenen sexuellen Befriedigung.	Die Fachkraft nimmt das Kind z.B. gegen seinen Willen auf den Schoß, in den Arm, drückt es an die Brust, streichelt oder küsst es.
		Die Fachkraft missachtet die deutlichen (non)verbalen Signale des Kindes auf Selbstbestimmung, Abgrenzung oder Zuwendung. Die Fachkraft beeinträchtigt durch übermäßige Zuwendung die Selbstbestimmung des Kindes. Einzelne Kinder werden bevorzugt.
		Die Fachkraft missachtet den Entwicklungsstand, die Biografie, Stärken/Schwächen sowie Vorlieben/Neigungen und die Beziehungsfähigkeit des Kindes.

Unangemessen	Angemessen
Grenzverletzendes Verhalten	Kindeswohlunterstützendes pädagogisches Verhalten
Die Fachkraft übergeht unbewusst kindliche Bedürfnisse im Tagesgeschehen zur Befriedigung der eigenen Bedürfnisse.	Die Fachkraft achtet und betont den Vorrang der kindlichen Bedürfnisse im Alltag der Einrichtung. Die Fachkraft nimmt wahr, wenn kindliche Bedürfnisse nicht geachtet werden und sichert diese unter Wahrung der eigenen Professionalität und der pädagogischen Ziele. Im Team gibt es einen offenen Austausch und klare Regelungen zur kindorientierten Bedürfnisbefriedigung, z.B. über Schlafdauer, Wartezeiten oder Lautstärke.
Die Fachkraft nutzt unbewusst das Kind zur Befriedigung der eigenen emotionalen Bedürfnisse, z.B. die Fachkraft umarmt das Kind, weil sie selbst gerade Trost braucht. Die Fachkraft nimmt die feinen, subtilen Signale des Kindes auf Selbstbestimmung, Abgrenzung oder Zuwendung nicht wahr.	Die Fachkraft achtet auf die Selbstbestimmung des Kindes. Die Fachkraft nimmt wahr, wenn das Kind körperliche Berührungen wünscht und befriedigt diese Bedürfnisse unter Wahrung der professionellen Distanz, z.B tröstet, streicht ihm über den Rücken, nimmt es auf den Schoß. Dem Kind werden die Grenzen des Körperkontaktes transparent und kindgerecht aufgezeigt.
Die Fachkraft kennt nicht den Entwicklungsstand, die Biografie, Stärken/ Schwächen sowie Vorlieben/Neigungen und die Beziehungsfähigkeit des Kindes und kann nicht adäquat darauf reagieren.	Die Fachkraft beachtet den Entwicklungsstand, das Lebensalter, die Biografie, Stärken und Schwächen, Vorlieben und Neigungen und die Beziehungsfähigkeit individuell bei jedem Kind.

	Kindeswohlgefährdend	
	Strafrechtlich relevantes Verhalten (StGB)	**Nicht tolerierbares pädagogisches Verhalten (BGB, SGB VIII)**
Professionelle Nähe im Alltagsgeschehen mit Kindern	Die Fachkraft nimmt ohne Zustimmung der Eltern das Kind mit nach Hause und entzieht damit den Eltern das Kind.	Die Fachkraft nimmt das Kind über Nacht mit nach Hause. Die Fachkraft bietet außerhalb ihrer Arbeit ohne Abstimmung mit dem Arbeitgeber die Betreuung an. Die Fachkraft bietet von sich aus (ggf. wiederholt) an, das Kind mit zu sich nach Hause zu nehmen (auch über Nacht).
		Die Fachkraft belastet das Kind durch ihre private/berufliche Situation.
Professionelle Nähe im Alltagsgeschehen mit Erwachsenen	Die Fachkraft nötigt die Eltern zum Stillschweigen und baut Geheimnisdruck auf. Die Fachkraft erpresst die Eltern.	Die Fachkraft nutzt das Nähe-Distanz-Verhalten aus, in dem sie z.B. einzelne Eltern oder einzelne Fachkräfte bevorzugt. Die Fachkraft ist Mitglied in Social-Media-Kanälen der Eltern. Der Träger hat diesbezüglich keine gesetzeskonformen Regelungen.
		Die Fachkraft informiert die Eltern zu »Defiziten ihres Kindes« bei zufälligen Begegnungen außerhalb der Einrichtung. Die Fachkraft missachtet den Datenschutz im Gespräch mit anderen Fachkräften oder Eltern.

Unangemessen	Angemessen
Grenzverletzendes Verhalten	Kindeswohlunterstützendes pädagogisches Verhalten
Die Fachkraft bietet außerhalb ihrer Arbeit die Betreuung an. Mit Zustimmung der Eltern betreut die Fachkraft das Kind im elterlichen Zuhause (außerhalb der Öffnungszeiten der Einrichtung).	Die Distanz der Fachkraft zum Kind ist größer als in der Eltern-Kind-Beziehung. Die Betreuung des Kindes findet ausschließlich im Rahmen der Kindertageseinrichtung statt. Es gibt klare Regelungen, wenn Kinder aus der Einrichtung nicht abgeholt werden.
Akute und chronische Belastungen[5] der Fachkraft wirken sich negativ auf deren Berufsausübung aus, z.B. zeigt sie geistige Abwesenheit.	Im Team gibt es einen Raum für persönlichen Austausch auch mit der Leitung. Auf individuelle Empfindlichkeiten der Fachkraft wird Rücksicht genommen und im Team herrscht Solidarität. Die Fachkraft geht authentisch und professionell mit ihrer Gefühlslage um.
Die Fachkraft kennt den Verhaltenskodex zu Nähe-Distanz-Verhalten unter Erwachsenen nicht und kann nicht adäquat handeln. Die Einrichtung hat keinen Verhaltenskodex, welcher der Fachkraft Orientierung bietet.	In der Einrichtung gibt es einen Verhaltenskodex, der das Nähe-Distanz-Verhalten unter Erwachsenen klar regelt. Dieser ist für das gesamte Team, alle Kinder, alle Eltern und andere Fachkräfte transparent. Alle Teammitglieder sind sich einig darüber, mit allen Eltern auf Augenhöhe zu kommunizieren, wertschätzend umzugehen und diese gleich zu behandeln.
Die Fachkraft bespricht mit den Eltern die »Defizite ihres Kindes« in Tür-und-Angel-Gesprächen in der Einrichtung.	Allen Eltern stehen die gleichen Informationen zur Arbeit der Einrichtung und zu den Mitarbeitenden unter Berücksichtigung des Datenschutzes transparent zur Verfügung. Gespräche mit Eltern zu ihrem Kind finden geplant statt. Für aktuelle Gesprächsanlässe wird ein geschützter Rahmen gewählt, z.B. ein separates Zimmer und ausreichend Zeit für Nachfragen.

5 Akute bzw. chronische Belastungen: z.B. körperliche und seelische Erkrankungen, Suchtmittelabhängigkeit, soziale Isolation, Trennung und Verluste im Familienkreis, Partnerkonflikte, Konflikte im beruflichen Kontext

	Kindeswohlgefährdend	
	Strafrechtlich relevantes Verhalten (StGB)	Nicht tolerierbares pädagogisches Verhalten (BGB, SGB VIII)
Professionelle Nähe im Alltagsgeschehen mit Erwachsenen	Die Fachkraft besticht, erpresst oder nötigt Eltern oder andere Teammitglieder.	Die Fachkraft stalkt Eltern oder andere Teammitglieder. Die Fachkraft nutzt die soziale Notlage von Eltern oder anderen Teammitgliedern aus. Die Fachkraft ist ohne Einverständnis des Trägers in einem arbeitsrechtlichen Verhältnis und/oder einer Geschäftsbeziehung mit einzelnen Eltern, z.B. Babysitting gegen Honorar.
Kommunikation und Verhalten der Erwachsenen		Das Kind wird bewusst bei Erwachsenenkonflikten instrumentalisiert. Die Fachkraft ignoriert einen eskalierenden Konflikt. Das Kind wird bewusst zu sensiblen Themen ausgehorcht.
	Die Fachkraft missachtet strafbewährte Normen des Datenschutzes im Gespräch mit anderen Fachkräften oder Eltern.	Die Fachkraft missachtet arbeitsrechtliche Bestimmungen des Datenschutzes im Gespräch mit anderen Fachkräften oder Eltern.
		Das Kind wird bewusst in Gespräche der Erwachsenen nicht kindgerecht eingebunden.
	Die Fachkraft beleidigt die Eltern des Kindes (ggf. auch im Beisein des Kindes). Die Fachkraft übt Gewalt gegenüber Eltern oder Teammitgliedern aus.	Die Fachkraft schreit Eltern und/oder ein Teammitglied im Beisein der Kinder an. Die Fachkraft redet mit Eltern oder Teammitgliedern im Beisein des betroffenen Kindes bewusst negativ über dessen Eltern oder über das Kind selbst. Im Team findet Mobbing statt und wird nicht unterbunden.

Unangemessen	Angemessen
Grenzverletzendes Verhalten	Kindeswohlunterstützendes pädagogisches Verhalten
	Die Fachkraft ist sich bewusst, dass professionelle Beziehungen und private Freizeitgestaltung zu trennen sind.
Das Kind wird unbewusst in Erwachsenenkonflikte hineingezogen. Die Fachkraft wirkt nicht deeskalierend bei Konflikten in der Einrichtung.	Die Fachkräfte haben in der Kommunikation mit anderen Erwachsenen und ihrem Verhalten eine Vorbildfunktion. Die Fachkraft wirkt deeskalierend bei Konflikten in der Einrichtung. Der Träger spricht sich aktiv gegen die Verwendung sexistischer und rassistischer Symbolik aus, z.B. auf Kleidung, als Tattoo.
	Die Informationsweitergabe erfolgt immer unter Berücksichtigung der aktuellen Datenschutzbestimmungen.
Das Kind wird versehentlich in Gespräche der Erwachsenen nicht kindgerecht eingebunden.	Die Eltern werden sachlich zu Vorkommnissen informiert und das Kind wird nicht in die Konflikte bzw. Gespräche eingebunden.
Die Fachkraft redet mit Eltern oder Teammitgliedern im Beisein des betroffenen Kindes versehentlich negativ über dessen Eltern oder über das Kind selbst.	Gespräche mit Eltern und Teammitgliedern finden wertschätzend, respektvoll und auf Augenhöhe statt.

	Kindeswohlgefährdend	
	Strafrechtlich relevantes Verhalten (StGB)	Nicht tolerierbares pädagogisches Verhalten (BGB, SGB VIII)
Umgang mit Beschwerden		Es gibt kein Beschwerdemanagement in der Einrichtung. Beschwerden werden nicht aufgenommen, nicht ernst genommen, nicht weitergeleitet oder nicht entsprechend des Beschwerdeweges bearbeitet.
		Die Fachkraft fühlt sich von sachlichen Beschwerden persönlich angegriffen und reagiert gewaltvoll.
Sexualität und Intimsphäre	Es findet durch die Fachkraft sexualisierte Gewalt statt. Das können Handlungen ohne und mit Körperkontakt sein, die zur Befriedigung der eigenen Bedürfnisse dienen und die Machtstellung gegenüber dem Kind ausnutzen. Die Fachkraft fertigt von dem Kind pornografisches Material an. Die Fachkraft macht (kinder-)pornografisches Material zugänglich bzw. zeigt dieses. Die Fachkraft zwingt das Kind zur Prostitution.	Die Fachkraft macht gegenüber dem Kind anzügliche oder abwertende Bemerkungen und führt altersunangemessene Gespräche. Die Fachkraft trägt Kleidung, die zu einer sexualisierten Atmosphäre beiträgt. Die Fachkraft zieht sich vor dem Kind bewusst aus bzw. distanzlos um.
	Sexuelle Übergriffe unter den Kindern werden geduldet, begünstigt oder initiiert.	Die Fachkraft unterbindet nicht, wenn Kinder die von der Einrichtung getroffenen Regeln und Absprachen zur sexuellen Bildung von Kindern überschreiten. Sexuelle Übergriffe unter den Kindern werden nicht erkannt oder bagatellisiert.

Unangemessen	Angemessen
Grenzverletzendes Verhalten	Kindeswohlunterstützendes pädagogisches Verhalten
Die Fachkraft erkennt Beschwerden nicht.	Es gibt ein umfassendes Beschwerdemanagement in der Einrichtung für Kinder, Eltern und (externe) Mitarbeitende und alle sind darüber informiert. Die Beschwerdewege sind für alle transparent.
Die Fachkraft fühlt sich von sachlichen Beschwerden persönlich angegriffen und reagiert unsachlich.	Beschwerden werden von der Einrichtung als Möglichkeit der Weiterentwicklung gesehen. Lob und Kritik werden aktiv eingefordert.
Die Fachkraft trägt Kleidung, die auf andere unprofessionell, unangemessen bzw. aufreizend wirkt. Die Fachkraft zieht sich versehentlich distanzlos vor dem Kind aus bzw. um.	In der Einrichtung gibt es klare Regeln und Absprachen zur sexuellen Bildung von Kindern. Alle Teammitglieder sind entsprechend reflektiert und geschult und tauschen sich dazu aus. Sie wissen um individuelle Befindlichkeiten von Kindern und Erwachsenen. Die Fachkraft trägt Kleidung, die der Arbeit mit Kindern und Eltern angemessen ist. Die Fachkraft ist auch eine vertrauensvolle Ansprechperson bei Fragen zur sexuellen Bildung. Die Fachkraft ist sich ihrer Vorbildwirkung z.B. bezogen auf Kleidung, Sprache bewusst und achtet auf die Schamgrenzen anderer.
Die Einrichtung hat keine klaren Regeln und Absprachen zu sexuellen Übergriffen unter Kindern.	Die Kinder haben die Möglichkeit, ihren Körper (gegenseitig) unter Wahrung der Intimsphäre zu erkunden. Sexuelle Übergriffe unter den Kindern werden nicht geduldet. Sie werden frühzeitig erkannt und darauf angemessen sowie zeitnah reagiert. Mit den betreffenden Kindern und Eltern wird gesprochen.

	Kindeswohlgefährdend	
	Strafrechtlich relevantes Verhalten (StGB)	Nicht tolerierbares pädagogisches Verhalten (BGB, SGB VIII)
Umgang mit Bildern	Die Fachkraft fotografiert oder filmt das Kind nackt oder in aus Erwachsenensicht sexuell aufreizenden Positionen/Posen oder verteilt dieses Material. Das entspricht der Erstellung von pornografischem Material. Die Fachkraft fordert das Kind auf, sich von einer anderen Person nackt oder in sexuell aufreizenden Posen fotografieren zu lassen.	Die Fachkraft verwendet ihr privates Gerät, um Bilder von Kindern anzufertigen oder zu speichern. Die Fachkraft unterbindet das Fotografieren von fremden Kindern durch Erwachsene nicht. Die Fachkraft verwendet Fotos von Situationen, die dem Kind unangenehm sind oder werden könnten. Die Fachkraft fertigt ohne Einverständnis Fotos von Kindern der Einrichtung an und gibt diese weiter, z.B. in Social-Media-Kanälen.
	Die Fachkraft besitzt, verteilt oder veröffentlicht pornografische Bilder des Kindes.	Die Fachkraft besitzt, verteilt oder veröffentlicht Bilder des Kindes nur mit mündlicher Zustimmung durch die Eltern. Die Fachkraft fertigt Fotos/Filme zur »Beweisführung«[6] an.

6 Fotografieren/Abfilmen z.B. von: blauen Flecken oder anderen Verletzungen zur Dokumentation von § 8a-Fällen; »auffälligem« Verhalten des Kindes, um es den Eltern vorzuführen; erzieherischer Maßnahmen; Trotz- und Verweigerungssituationen des Kindes; dem Inhalt der Windel bzw. der Entzündung

Unangemessen	Angemessen
Grenzverletzendes Verhalten	Kindeswohlunterstützendes pädagogisches Verhalten
Die Fachkraft fotografiert ein Kind, bei dem keine Einverständniserklärung zur Fotoerlaubnis vorliegt. Dieses wird anschließend nicht gelöscht.	Es gibt in der Einrichtung klare Regel zum Anfertigen, Bearbeiten und Veröffentlichen von Bildern. Nacktheit zu fotografieren gehört nicht zum pädagogischen Standard. Diese Regeln sind allen transparent und werden konsequent durchgesetzt, z.B. Eltern dürfen keine fremden Kinder fotografieren. Die Fachkraft beachtet das Recht am eigenen Bild des Kindes. Fachkräfte verwenden zum Anfertigen der Bilder nur Geräte und Speicherorte der Einrichtung.
	Es werden nur Bilder veröffentlicht, wenn die Eltern der Veröffentlichung schriftlich zugestimmt haben. Auch das Kind darf mitentscheiden, ob ein Bild von ihm/ihr veröffentlicht wird. Alle Fotos werden unter Wahrung der Würde aller angefertigt. Bilder werden zur Dokumentation von Entwicklungsschritten oder zur biografischen/ Alltagsdokumentation festgehalten. Sie dienen der Transparenz der Arbeit.

Nonverbale und verbale Zuwendung

	Kindeswohlgefährdend	
	Strafrechtlich relevantes Verhalten (StGB)	Nicht tolerierbares pädagogisches Verhalten (BGB, SGB VIII)
Wertschätzung	Die Fachkraft beleidigt und nötigt das Kind.	Die Fachkraft grenzt das Kind wissentlich und bewusst aus. Die Fachkraft stellt das Kind (vor der Gruppe) bloß, demütigt es und/oder vergleicht es ständig mit anderen Kindern. Die Interessen, Freuden, Bedürfnisse, Nöte, Schmerzen und Kummer des Kindes werden durch die Fachkraft bewusst nicht berücksichtigt.
Gleichbehandlung	Die Fachkraft beleidigt[7] das Kind oder dessen Familie.	Die Fachkraft ist respektlos und unhöflich gegenüber dem Kind oder dessen Familie. Die Fachkraft hebt regelmäßig (Lieblings-)Kinder hervor.
Mimik und Gestik		Die Fachkraft droht dem Kind mit Gesten Gewalt an. Die Fachkraft wertet bewusst das Kind mit Mimik/Gestik ab, z.B. verdreht die Augen, zeigt einen »Vogel«, die »Scheibenwischergeste« oder offen Ekel.
Interaktion		Die Fachkraft verweigert jegliche Interaktion mit dem Kind, auch in Gruppensituationen. Die Fachkraft ignoriert die Interaktion mit dem Kind, z.B. Trösten nach einer Verletzung. Die Fachkraft bevorzugt regelmäßig (Lieblings-)Kinder.

7 z.B.: Beleidigungen über Kind oder dessen Familie: Herkunft, Hautfarbe, Ethnie, Religion/Glaube, Intellekt, Körpermerkmale, in Bezug auf Geschlecht und Sexualität (sexuelle geschlechtliche Vielfalt/Diversität, ausgelebte Geschlechtsidentität und -orientierung, etc.)

Unangemessen	Angemessen
Grenzverletzendes Verhalten	Kindeswohlunterstützendes pädagogisches Verhalten
Die Fachkraft äußert sich abschätzend gegenüber dem Kind, z.B. bezogen auf das Erscheinungsbild, das Körpergewicht, die Haare, die Kleidung. Die Interessen, Freuden, Bedürfnisse, Nöte, Schmerzen und Kummer des Kindes werden durch die Fachkraft versehentlich nicht berücksichtigt.	Das Kind wird ermutigt und anerkannt. Die Interessen, Freuden, Bedürfnisse, Nöte, Schmerzen und Kummer des Kindes werden berücksichtigt und die Fachkraft geht darauf ein. Die Fachkraft vermittelt einen wertschätzenden Umgang untereinander und auf allen Ebenen.
Die Fachkraft ist unbedacht und unsensibel im Umgang mit dem Kind oder dessen Familie.	Die Einrichtung setzt eine Kultur der Achtung und Anerkennung um und vertritt den Gleichbehandlungsgrundsatz. Die Fachkraft bezieht aktiv Stellung für Gleichbehandlung und gegen Diskriminierung und tritt Abwertungen, rassistischen Beleidigungen und Beschimpfungen entgegen.
Die Fachkraft wertet ungewollt das Kind mit Mimik und Gestik ab.	Die Fachkraft setzt ihre Mimik und Gestik zur Stärkung des Kindes ein.
Die Fachkraft weicht der Interaktion mit dem Kind aus.	Die Fachkraft nutzt in jeglicher Interaktion mit dem Kind Blickkontakt auf Augenhöhe. Die Fachkraft baut eine vertrauensvolle, empathische Beziehung zum Kind auf.

	Kindeswohlgefährdend	
	Strafrechtlich relevantes Verhalten (StGB)	Nicht tolerierbares pädagogisches Verhalten (BGB, SGB VIII)
Wortwahl und Inhalt	Die Fachkraft droht dem Kind verbal Gewalt an, um es zu einer Handlung zu nötigen.	Die Fachkraft macht dem Kind Angst. Das Kind ist für die Fachkraft ohne Klärung des Sachverhalts der Sündenbock.
Umgangston	Die Fachkraft schreit das Kind beleidigend an.	Die Fachkraft schreit das Kind an. Die Fachkraft lässt unkontrolliert ihre Wut raus/am Kind aus.
Anrede	Die Fachkraft verwendet bei der Anrede des Kindes Beleidigungen oder sexualisierte Sprache, z.B. »Du kleine Sexbombe«, »Fettsack«.	Die Fachkraft verwendet bewusst unpassende Zuschreibungen oder unabgesprochen Kosenamen, z.B. »Süße*r«, »Schatz«, »Dickerchen«, »Bummelliese«.
Emotionale Zuwendung		Die Fachkraft wird verbal gewalttätig. Die Fachkraft demütigt das Kind mit seinen Nöten, stellt es vor der Gruppe bloß. Die Fachkraft verweigert jegliche emotionale Zuwendung oder Trost, jeden verbalen Dialog oder ignoriert das Kind, z.B. »Indianer weinen nicht«, »Heul nicht rum«.
	Die Fachkraft nimmt das Kind auf den Schoß, streichelt oder küsst es zur eigenen sexuellen Befriedigung.	Die Fachkraft nutzt die Not des Kindes aus, um eigene emotionale Bedürfnisse zu befriedigen.
Geheimhaltung und Erpressung	Die Fachkraft zwingt das Kind zum Stillschweigen und baut Geheimnisdruck auf und nötigt es dadurch.	Die Fachkraft setzt das Kind unter Druck, z.B. mit »Wenn du nicht ..., dann ...«

Unangemessen	Angemessen
Grenzverletzendes Verhalten	Kindeswohlunterstützendes pädagogisches Verhalten
Die Fachkraft ängstigt unbedacht das Kind. Die Fachkraft bespricht eine Situation mit dem Kind nicht ausreichend und nicht kindgerecht. Die Fachkraft unterstellt dem Kind Situationen oder Verhaltensweisen.	Die Fachkraft benennt gelingende Verhaltensweisen und Entwicklungsfortschritte des Kindes. Die Fachkraft passt die Wortwahl dem Entwicklungsstand des Kindes sowie der Situation an.
Die Fachkraft lässt unbedacht verbal ihre negativen Gefühle am Kind aus.	Die Fachkraft hat ein offenes Ohr, akzeptiert das Kind und seine Gefühle und spricht wertschätzend, gewaltfrei und respektvoll (auch in Konfliktsituationen). Die Fachkraft verwendet Ich-Botschaften und ist wertfrei und beschreibend.
Die Fachkraft verwendet versehentlich unpassende Zuschreibungen oder unabgesprochen Kosenamen, z.B. »Süße*r«, »Schatz«, »Dickerchen«, »Bummelliese«.	Die Fachkraft nennt das Kind bei seinem Vor- bzw. Rufnamen. Kosenamen werden nur familiär bzw. in Absprache mit den Eltern und dem Kind genutzt. Die Fachkraft nutzt wertschätzende Formulierungen, z.B.: »Du bist ein Schatz.«
Die Fachkraft gibt unabsichtlich keine emotionale Zuwendung oder Trost. Die Fachkraft spricht im Affekt respektlos mit dem Kind, z.B.: »Hab dich nicht so.«	Die Fachkraft nimmt die Gefühle des Kindes wahr und ernst und reagiert darauf professionell und entwicklungsgerecht. Die Fachkraft gibt emotionale Zuwendung und Trost und geht respektvoll mit dem Kind um.
	Die Fachkraft klärt die Kinder über gute und schlechte Geheimnisse auf. Wenn ein Kind sich einer Fachkraft anvertraut, wird dem Kind geglaubt und die Fachkraft handelt entsprechend des Leitfadens der Einrichtung. Die Fachkraft bezieht aktiv Stellung gegen Erpressung.

Bildung und Entwicklung

	Kindeswohlgefährdend	
	Strafrechtlich relevantes Verhalten (StGB)	Nicht tolerierbares pädagogisches Verhalten (BGB, SGB VIII)
Umgang mit Gefühlen		Die Fachkraft verhindert, dass das Kind bestimmte Gefühle zeigen darf, z.B. Trauer, Wut, Begeisterung. Die Fachkraft lässt das Kind allein mit seinen Gefühlen, obwohl es damit überfordert ist bzw. eine Unterstützung oder Begleitung benötigt.
		Die Fachkraft macht das Kind bewusst für ihre eigene Gefühlslage verantwortlich.
Sexuelle Bildung	Die Fachkraft klärt das Kind mit ungeeigneten Mitteln auf, z.B. anhand des eigenen Körpers, mit pornografischem Material.	Vom Kind initiierte Gespräche über Sexualität und den eigenen Körper werden von der Fachkraft konsequent abgelehnt.
		Die Erkundung des eigenen Körpers wird durch die Fachkraft strikt unterbunden und bestraft.
		Die Fachkraft hält sich bewusst nicht an die Regeln und Absprachen zur sexuellen Bildung und zu Körpererkundungsspielen von Kindern. Die Kinder werden nicht ihrer Entwicklung entsprechend sexuell aufgeklärt, z.B. nicht kindgerecht, zu viel, zu wenig, ohne ein gutes Maß.
Nein-Sagen und andere Präventionsbotschaften[8]	Das Kind darf das Wort »Nein« nicht sagen oder zeigen, sonst bekommt es eine (körperliche) Bestrafung, z.B. der Mund wird zugeklebt.	Das Wort »Nein« wird bei dem Kind konsequent unterbunden, nicht ausreichend erklärt und gilt als »böses Wort«. Die Fachkraft suggeriert dem Kind, dass ein »Nein« nur gegenüber Fremden akzeptabel ist. Das »Nein« von einem Kind wird von der Fachkraft wiederholt ignoriert.

8 Präventionsbotschaften sind z.B.: Du darfst nein sagen. Es gibt gute und schlechte Geheimnisse. Du darfst dir Hilfe holen. Dein Körper gehört dir. Dir darf niemand weh tun.

Unangemessen	Angemessen
Grenzverletzendes Verhalten	Kindeswohlunterstützendes pädagogisches Verhalten
Die Fachkraft geht unzureichend auf die Gefühle des Kindes ein.	Über Gefühle und den Umgang damit wird sensibel gesprochen. Die Fachkraft unterstützt das Kind beim Erkennen und Erleben der eigenen Gefühlswelt.
Die Fachkraft macht das Kind unbewusst für ihre eigene Gefühlslage verantwortlich.	Die Fachkraft geht verantwortungsvoll mit ihrer eigenen Gefühlslage um.
Vom Kind initiierte Gespräche über Sexualität und den eigenen Körper werden von der Fachkraft nicht ernst genommen.	Die Fachkraft ist eine neutrale und vertrauensvolle Ansprechperson, wenn das Kind Fragen hat. Diese werden dem Kind entsprechend seiner Entwicklung beantwortet.
Die Erkundung des eigenen Körpers wird durch die Fachkraft versehentlich unterbunden.	Das Kind kann seinen Körper ungestört unter Wahrung der Intimsphäre erkunden.
Die Fachkraft hält sich unbewusst nicht an die Regeln und Absprachen zur sexuellen Bildung von Kindern und zu Körpererkundungsspielen. In der Einrichtung gibt es keine Kultur, in der über Regeln und Absprachen zur sexuellen Bildung von Kindern und zu Körpererkundungsspielen gesprochen werden kann.	In der Einrichtung gibt es klare Regeln und Absprachen zur sexuellen Bildung von Kindern und zu Körpererkundungsspielen bzw. ein sexualpädagogisches Schutzkonzept. Alle Teammitglieder sind entsprechend reflektiert und haben Fachwissen zur kindlichen Sexualität. Sie wissen um individuelle Befindlichkeiten.
Die Fachkraft kann nicht angemessen mit dem »Nein« des Kindes umgehen. Das »Nein« von einem Kind wird versehentlich von der Fachkraft ignoriert.	Dem Kind wird erklärt, was es bedeutet, »Nein« zu sagen oder zu zeigen, und warum Grenzsetzung wichtig ist. Es wird gemeinsam besprochen und angewandt, wie man »Nein« sagen oder zeigen kann, um damit Grenzen zu setzen. Das Kind wird bewusst bestärkt, wenn es »Nein« sagt oder zeigt. Die Fachkraft erkennt das »Nein« des Kindes wertschätzend an, auch wenn das gegen sie gerichtet ist und berücksichtigt dies angemessen.

	Kindeswohlgefährdend	
	Strafrechtlich relevantes Verhalten (StGB)	Nicht tolerierbares pädagogisches Verhalten (BGB, SGB VIII)
Nein-Sagen und andere Präventions-botschaften[8]		Die Vermittlung von Präventionsbotschaften wird in der Einrichtung bewusst verhindert.
Soziale Bildung		Das Kind wird von der Fachkraft isoliert und erhält nicht die Möglichkeit, sich auszuprobieren, sozial zu entwickeln und Fehler zu machen. Die Fachkraft zeigt dem Kind, wie es verbal und/oder nonverbal verletzen kann.
		Die Fachkraft zeigt keinerlei Empathie gegenüber dem Kind.
		Die Fachkraft nutzt die soziale Überangepasstheit des Kindes bewusst aus.
Bildung der Kinder, um Unfälle zu vermeiden		Die Fachkraft bespricht nicht die Maßnahmen zur Unfallverhütung. Die Fachkraft übt mit den Kindern kein sicheres Verhalten ein.
Teilnahme an Angeboten und Aktivitäten[9]	Die Fachkraft zwingt das Kind mit körperlicher Gewalt zur Teilnahme an Angeboten.	Die Fachkraft übt verbalen Druck auf das Kind aus, damit es am Angebot teilzunimmt. Bei Nicht-Teilnahme wird dem Kind durch die Fachkraft Konsequenzen angedroht, z.B. »Dann darfst du nicht ...« Aus Diskriminierung wird dem Kind die Teilnahme an Angeboten verboten.
		Dem Kind werden Angebote vorenthalten, z.B. die Vorschule, Ausflüge. Das Kind wird als Erziehungsmaßnahme von Angeboten ausgeschlossen.

9 Hierzu zählen z.B.: Sportangebote, Bildungsangebote, kreative und musische Angebote, temporäre Gruppen, Angebote der offenen Arbeit.

Unangemessen Grenzverletzendes Verhalten	Angemessen Kindeswohlunterstützendes pädagogisches Verhalten
Es werden keine Präventionsbotschaften in der Einrichtung vermittelt. Die Fachkraft kann nicht angemessen mit den Präventionsbotschaften umgehen.	Die Präventionsbotschaften werden in der Einrichtung gelebt. Sie werden den Kindern, Eltern und den Fachkräften nahegebracht. Die Präventionsbotschaften werden den Kindern kindgerecht und praxisnah vermittelt.
Das Kind erhält unbewusst mangelnde Anregung durch die Fachkraft und wird bei der Ausbildung seiner sozialen Kompetenzen nicht ausreichend unterstützt. Das Kind wird durch die Fachkraft unter Druck gesetzt, wenn es ihre Leistungsanforderungen nicht erfüllt.	Das Kind erhält ausreichende, vielfältige Möglichkeiten zur individuellen Entwicklung sozialer Kompetenzen und wird durch die Fachkraft darin angemessen begleitet. Die sozialen Kompetenzen des Kindes werden gefördert, z.B. Sich-Ausprobieren, Fehler-machen-Dürfen, Selbstbehauptung.
Die Fachkraft interagiert mit dem Kind unangemessen. Die Fachkraft nutzt versehentlich die soziale Überangepasstheit des Kindes aus.	Das Kind kann neue Dinge entdecken und mit den anderen Kindern interagieren. Es lernt dabei Konfliktfähigkeit, Kommunikationsfähigkeiten und Toleranz.
Die Fachkraft bespricht nur unzureichend die Maßnahmen zur Unfallverhütung. Die Fachkraft übt mit den Kindern sicheres Verhalten nur unzureichend ein.	Die Maßnahmen zur Unfallverhütung werden mit den Kindern, Eltern und im Team besprochen und sicheres Verhalten wird eingeübt, z.B. im Straßenverkehr, im Wald.
Das Kind wird ausdrücklich von der Fachkraft aufgefordert am Angebot teilzunehmen, z.B. mit »Sonst lernst du das nie!«	Angebote sind freiwillig und werden allen Kindern in dieser Form zugänglich gemacht. Sie sind situations- und prozessorientiert, kindgerecht und partizipativ. Das Kind wird angeregt, sich die einzelnen Angebote anzuschauen.
Das Kind wird zur Teilnahme an Angeboten nicht motiviert. Das Kind lehnt von sich aus die Teilnahme an Angeboten oder Aktivitäten mehrfach ab. Die Fachkraft reflektiert die möglichen Gründe dafür nicht.	Bildungsangebote sind Bestandteil der Arbeit in der Einrichtung. Kinder werden sensibel an die Angebote herangeführt. Die Vielfalt und Individualität der Angebote/Aktivitäten unterstützen das Kind in seinen Entwicklungsprozessen. Die Fachkraft motiviert das Kind, an vielfältigen Aktivitäten teilzunehmen. Sie reflektiert und hinterfragt Gründe, wenn sich das Kind diesen Angeboten auf Dauer entzieht.

Regeln und Konsquenzsetzung

	Kindeswohlgefährdend	
	Strafrechtlich relevantes Verhalten (StGB)	Nicht tolerierbares pädagogisches Verhalten (BGB, SGB VIII)
Regeln		Es gibt in der Einrichtung keine Regeln.
		Die Fachkraft erstellt willkürliche und/oder ängstigende Regeln. Die Fachkraft erstellt Regeln nicht partizipativ.
	Die Fachkraft stellt gewaltvolle, beleidigende Regeln auf.	Die Fachkraft stellt gewaltvolle abwertende, bloßstellende und/oder erniedrigende Regeln auf. Die Fachkraft setzt sich über Regeln, die für alle gelten, bewusst hinweg.
		Die Fachkraft ignoriert Versuche des Kindes, sich mitzuteilen, z.B. mit »Petz nicht!« Das Kind findet keine Ansprechperson, um Regelverletzungen zu besprechen.
		Die Fachkraft vermittelt dem Kind bewusst die Regeln nicht. Die Regeln entsprechen nicht der Entwicklung der Kinder.
		Die Regeln für den Umgang mit den Kindern werden den Eltern bewusst vorenthalten.
Umsetzung von Gruppenregeln[10]	Die Fachkraft setzt körperliche Gewalt zur Umsetzung der Gruppenregeln ein.	Die Fachkraft übt zur Umsetzung der Gruppenregeln unangemessenen körperlichen Zwang aus, z.B. durch Zerren am Arm, Drehen am Kopf, Schubsen eines Kindes.
		Die Fachkraft schreit, um die Kinder zur Umsetzung der Gruppenregeln anzuhalten. Die Fachkraft setzt Kollektivstrafen ein.

10 Das beinhaltet auch Situationen, in denen ein einzelnes Kind die Gruppenregeln missachtet.

<table>
<tr><th>Unangemessen</th><th>Angemessen</th></tr>
<tr><th>Grenzverletzendes Verhalten</th><th>Kindeswohlunterstützendes pädagogisches Verhalten</th></tr>
<tr><td>Es gibt in der Einrichtung keine einheitlichen Regeln.</td><td rowspan="3">In der Einrichtung gibt es Klarheit über einrichtungs- und gruppenspezifische Regeln und Grenzen.

Allgemeingültige Regeln werden mit den Kindern kindgerecht und entwicklungsgerecht besprochen und gezeigt.

Einrichtungs- und gruppenspezifische Regeln werden gemeinsam mit den Kindern erstellt, kindgerecht dokumentiert und regelmäßig mit den Kindern überprüft.</td></tr>
<tr><td>Die Fachkraft erstellt Regeln wahllos und mit Pseudopartizipation.</td></tr>
<tr><td>Die Fachkraft setzt sich über Regeln, die für alle gelten, versehentlich hinweg.</td></tr>
<tr><td>Versuche des Kindes sich mitzuteilen, werden von der Fachkraft nicht erkannt.</td><td>Versuche des Kindes sich mitzuteilen, werden erkannt und es wird entsprechend reagiert.

Die Kinder wissen, wen sie bei Regelverletzungen ansprechen können.</td></tr>
<tr><td>Dem Kind sind die Regeln durch die Fachkraft nicht bekannt gemacht worden.</td><td>Dem Kind werden klare Grenzen und Regeln respektvoll aufgezeigt.</td></tr>
<tr><td>Die Regeln für den Umgang mit den Kindern sind den Eltern nicht bekannt.</td><td>Die Regeln für den Umgang mit den Kindern werden den Eltern erläutert.</td></tr>
<tr><td>Die Fachkraft bedrängt versehentlich das Kind, um die Gruppenregeln umzusetzen, z.B. durch Schieben eines Kindes, damit es in der richtigen Reihe läuft.</td><td rowspan="2">Auch in herausfordernden, eskalierenden Situationen spricht die Fachkraft gewaltfrei und kindgerecht.

Der Eingriff in das Recht des Kindes auf körperliche Unversehrtheit muss so gering wie möglich ausfallen und darf ausschließlich der Schadensabwendung dienen (Verhältnismäßigkeitsprinzip). Das wird achtsam und sprachlich begleitet.</td></tr>
<tr><td>Die Fachkraft vergreift sich im Ton, um die Kinder zur Umsetzung der Gruppenregeln anzuhalten.</td></tr>
</table>

	Kindeswohlgefährdend	
	Strafrechtlich relevantes Verhalten (StGB)	Nicht tolerierbares pädagogisches Verhalten (BGB, SGB VIII)
Umsetzung von Gruppenregeln	Die Fachkraft beleidigt das Kind vor der Gruppe.	Die Fachkraft demütigt das Kind vor der Gruppe. Die Fachkraft verwendet absichtlich abwertende Worte.
Erziehungsmaßnahmen/ Konsequenzsetzung[11]	Die Fachkraft isoliert das Kind gewaltvoll, als Form der Freiheitsberaubung nach §239 StGB, z.B. druch Einsperren. Die Fachkraft begeht eine Körperverletzung/schlägt das Kind.	Die Fachkraft reagiert mit verbaler Gewalt. Die Fachkraft schließt das Kind bewusst bei bestimmten Aktivitäten aus (Stigmatisierung). Die Fachkraft separiert das Kind, z.B. stellt sie das Kind in die Ecke. Die Fachkraft ignoriert bewusst das Kind.
		Die Fachkraft reagiert mit verbaler Gewalt, um das Kind zur Umsetzung der Regeln anzuhalten. Die Fachkraft bestraft das Kind.
		Die Fachkraft wendet entwürdigende Erziehungsmaßnahmen an. Entwürdigende Maßahmen sind unzulässig, z.B., das nur in Unterwäsche bzw. nackt Vor-die-Tür-Stellen. Die Erziehungsmaßnahmen der Fachkraft sind unangemessen und bevorzugen/benachteiligen dauerhaft ein Kind.

11 Die Konsequenzsetzung folgt bezogen auf die Handlung des Kindes und wird diesem erklärt. Es werden gemeinsam Lösungen/Alternativen für künftiges Verhalten gesucht. Die Konsequenzsetzung findet in klarer Abgrenzung zu Strafe/Bestrafung statt.

<table>
<tr><th>Unangemessen</th><th>Angemessen</th></tr>
<tr><th>Grenzverletzendes Verhalten</th><th>Kindeswohlunterstützendes pädagogisches Verhalten</th></tr>
<tr><td>Die Fachkraft verwendet versehentlich Worte der Abwertung und/oder des Spottes.</td><td>Die Fachkraft reflektiert sich selbst und erhält, wenn nötig, Unterstützung durch das Team und die Leitung.</td></tr>
<tr><td>Die Fachkraft separiert das Kind, um es vor sich selbst oder andere Kinder zu schützen und bespricht dies mit dem Kind nicht nach.</td><td rowspan="2">Die Erziehung basiert auf einer sicheren Bindung zum Kind. In der Einrichtung gibt es eine klare Auseinandersetzung bezogen auf pädagogische Konsequenzsetzung[11]. Maßnahmen in eskalierenden Situationen werden nachbesprochen und weiterführende Ideen entwickelt.

Die Fachkraft spricht ruhig, gewaltfrei und kindgerecht, auch in herausfordernden, eskalierenden Situationen. Dem Kind werden klare Grenzen und Regeln aufgezeigt. Zur Konsequenz werden alternative Aktivitäten angeboten.

Die Fachkraft nimmt das Kind aus der Situation, um es vor sich selbst oder andere Kinder zu schützen und bespricht dies mit dem Kind nach. Belastungsfaktoren für das Kind, die Gruppe und das Team werden identifiziert, reflektiert und bestmöglich verändert.</td></tr>
<tr><td>Die Fachkraft vergreift sich im Ton, um das Kind zur Umsetzung der Regeln anzuhalten.</td></tr>
<tr><td>Die Erziehungsmaßnahme der Fachkraft ist unangemessen und bevorzugt/benachteiligt ein Kind.</td><td>Die Erziehung fördert die sozialen Kompetenzen und die Ausbildung geistiger und körperlicher Fähigkeiten.

Das Kind hat genügend Raum für Autonomie und persönliche Entfaltung.

Der Entwicklungsstand des Kindes wird berücksichtigt.</td></tr>
</table>

	Kindeswohlgefährdend	
	Strafrechtlich relevantes Verhalten (StGB)	Nicht tolerierbares pädagogisches Verhalten (BGB, SGB VIII)
Erziehungsmaßnahmen/ Konsequenzsetzung		Die Fachkraft wertet das Abweichen von traditionellen Geschlechterrollen ab bzw. verbietet es, z.B. Jungen dürfen nicht mit Puppen spielen/ Kleider tragen und Mädchen nicht mit Autos spielen.
	Die Konsequenz der Fachkraft verletzt oder schädigt das Kind. Die Fachkraft wendet körperliche Gewalt an. Der Fachkraft beleidigt und bedroht das Kind.	Die Fachkraft macht dem Kind durch die Darstellung der Konsequenzen existenzielle Angst. Konsequenzen werden von der Fachkraft willkürlich und/oder unterschiedlich angewandt. Die Fachkraft setzt festgelegte Konsequenzen bewusst nicht durch.
		Das Kind erhält keine Möglichkeit, sein Verhalten zukünftig zu verändern. Das Kind kann sein Verhalten zukünftig nur unter nicht kindgerechten Auflagen verändern. Das Kind erhält keine Chance, sein Verhalten wiedergutzumachen.

Unangemessen	Angemessen
Grenzverletzendes Verhalten	Kindeswohlunterstützendes pädagogisches Verhalten
Die Fachkraft signalisiert dem Kind in den traditionellen Geschlechterrollen zu spielen, z.B. mit »Das ist doch nichts für Jungs/Mädchen.«	Geschlechtsbewusstes Arbeiten mit Kindern ist Bestandteil des Konzeptes der Einrichtung. Die Fachkraft ist zur geschlechtssensiblen Arbeit geschult und es gibt einen geschlechterbewussten Umgang mit den Kindern. Die Kinder werden bei dem Aufbau einer toleranten Geschlechtsidentität unterstützt.
Die Fachkraft macht dem Kind durch die Darstellung der Konsequenzen unbewusst Angst. Die Fachkraft benennt Konsequenzen, die sie nicht einhält. Die Fachkraft setzt festgelegte Konsequenzen versehentlich nicht durch.	Angemessene und besprochene Maßnahmen werden konsequent achtsam durchgesetzt.
	Die Fachkraft schafft eine Atmosphäre, die eine Rückkehr ohne Gesichtsverlust für alle Beteiligten ermöglicht.

Aufsicht und Schutz vor Gefahren

	Kindeswohlgefährdend	
	Strafrechtlich relevantes Verhalten (StGB)	Nicht tolerierbares pädagogisches Verhalten (BGB, SGB VIII)
Aufsicht	Die Fachkraft bringt das Kind bewusst in gefährliche Situationen und das Kind wird dadurch geschädigt.	Die Fachkraft lässt das Kind unangemessen lang unbeaufsichtigt oder bringt das Kind in gefährliche Situationen. Notwendige Sicherheitsvorkehrungen oder Hilfestellungen durch die Fachkraft werden bewusst unterlassen. Die Fachkraft vergisst das Kind oder es geht verloren, z.B. bei einem Ausflug, auf dem Spielplatz. Das Kind hat sich durch fehlende Aufsicht der Fachkraft aus der Einrichtung entfernt.
	Die Fachkraft schickt das Kind allein ohne vorherige Absprache mit den Eltern nach Hause und es kommt unterwegs zu einer Schädigung des Kindes. Die Fachkraft überlässt das Kind einer nicht abholberechtigten Person und enthält damit dem berechtigten Elternteil das Kind vor (Kindesentziehung).	Die Fachkraft überlässt das Kind einer nicht abholberechtigten Person. Die Fachkraft akzeptiert eine nur telefonisch gegebene Abholberechtigung. Die Fachkraft überlässt das Kind einer abholberechtigten Person, die nicht in der Lage ist, die Aufsicht zu gewährleisten.
Erkennen von baulichen Gefahrenquellen[12]	Die Fachkraft verharmlost Gefahrenquellen und sichert diese nicht ab (auch nicht nach Aufforderung) und das Kind erleidet eine Schädigung.	Die Fachkraft verharmlost Gefahrenquellen und sichert diese nicht ab.
Erkennen von strukturellen Gefahrenquellen[13]	Die Fachkraft verharmlost Gefahrenquellen und sichert diese nicht ab (auch nicht nach Aufforderung) und es tritt ein Schaden ein.	Die Fachkraft verharmlost Gefahrenquellen und sichert diese nicht ab.

12 Zum Beispiel defekte Leitungen, Stolperfallen, scharfe Kanten, offene Steckdosen, ungesicherte Treppen/Türen, offene Fenster, Fenster in höheren Etagen ohne Rausfallschutz, fehlender Sonnenschutz, Giftpflanzen in der

Unangemessen	Angemessen
Grenzverletzendes Verhalten	Kindeswohlunterstützendes pädagogisches Verhalten
Die Fachkraft erkennt kindliche Bedürfnisse an, kann aber nicht angemessen darauf reagieren. Das Kind wird dadurch unzureichend beaufsichtigt oder nicht nachhaltig vor Gefahren geschützt.	Bei der Aufsicht werden das Alter, der Entwicklungsstand, bisherige Erfahrungen, die örtlichen Gegebenheiten, situative Faktoren und die Qualität der Beziehung berücksichtigt, um einen möglichst geringen Eingriff in die freie Entfaltung der Persönlichkeit des Kindes zu gewährleisten. Es gibt geschützte Rückzugsmöglichkeiten.
Die Fachkraft gibt ohne Prüfung der Abholberechtigung das Kind einer ihr bekannten Person mit.	Die Einrichtung hat ein klares Abholmanagement. Die Fachkraft überlässt das Kind nur abholberechtigten Personen, die klar in der Lage sind, die Aufsicht zu gewährleisten. Der Träger regelt klar, wie mit Alkohol-, Medikamenten- und Drogenkonsum in Abholsituationen umgegangen wird.
Die Fachkraft erkennt Gefahrenquellen, sichert diese nur unzureichend oder provisorisch ab und setzt das Kind damit einer Gefahr aus.	Die Fachkraft erkennt Gefahrenquellen und sichert diese gut ab. Kinder und Eltern werden über mögliche Gefahrenquellen aufgeklärt. Es findet regelmäßig und situationsgebunden eine Gefährdungsbeurteilung statt.
Die Fachkraft erkennt Gefahrenquellen, ergreift nur unzureichende Maßnahmen und setzt das Kind damit einer Gefahr aus.	Für nicht einsehbare Räume werden im Team feste Regeln vereinbart. Es findet regelmäßig und situationsgebunden eine Risikoanalyse im Sinne des Schutzkonzeptes statt.

Einrichtung, Abfall (Essen, Windeln ...), Scherben, defektes Spielzeug, Kordeln, für Kinder erreichbare Reinigungsmittel.

13 Zum Beispiel nicht einsehbare Räume; professionelle, fachliche und zeitliche Strukturen und Abläufe.

	Kindeswohlgefährdend	
	Strafrechtlich relevantes Verhalten (StGB)	Nicht tolerierbares pädagogisches Verhalten (BGB, SGB VIII)
Reaktion *im* Gefahrenfall	Die Fachkraft erkennt die Gefahr. Sie reagiert nicht und es kommt dadurch zu einer Schädigung des Kindes.	Die Fachkraft erkennt die Gefahr und reagiert nicht.
Reaktion *auf* Gefahrenfall/ Unfallnachsorge	Die Fachkraft verweigert notwendige Hilfen und Unterstützung und dadurch treten weitere Gesundheitsschädigungen ein, z.B. nach einem Unfall, bei Hitzschlag.	Nach Unfällen/Gefahrenfällen und Verletzungen reagiert die Fachkraft nicht angemessen.
	Den Eltern wird der Unfall/Gefahrenfall bewusst verschwiegen und dadurch treten weitere Gesundheitsschädigungen ein.	Die Fachkraft verharmlost den Unfall/ Gefahrenfall gegenüber den Eltern.
Eingriff in die körperliche Unversehrtheit	Die Fachkraft greift ohne Rechtfertigung in die körperliche Unversehrtheit des Kindes ein.	
Kleidung	Die Fachkraft zwingt das Kind gesundheitsgefährdende Kleidung anzuziehen, z.B. allergieauslösende Kleidung.	Die Fachkraft zwingt das Kind unpassende Kleidung anzuziehen, z.B. nasse Kleidung bei niedrigen Temperaturen, zu viele Kleidungsschichten. Die Fachkraft erkennt nicht die Gesundheitsgefahr, die für das Kind von der Kleidung ausgehen kann, z.B. Strangulierungsgefahr bei langen Schals oder Kordeln.
		Die Fachkraft wechselt verschmutzte/nasse Kleidung nicht bzw. unterstützt das Kind dabei nicht.
		Die Fachkraft zieht dem Kind vorhandene witterungsbedingte Kleidung nicht an bzw. veranlasst das Kind nicht, diese anzuziehen.

Unangemessen Grenzverletzendes Verhalten	Angemessen Kindeswohlunterstützendes pädagogisches Verhalten
Die Fachkraft schützt das Kind durch reflexhaftes oder heftiges Eingreifen. Die Fachkraft erklärt ihre Reaktion dem Kind nicht.	Die Fachkraft schützt das Kind durch Eingreifen. Die Fachkraft erklärt ihre Reaktion dem Kind.
Nach Unfällen/Gefahrenfällen und Verletzungen reagiert die Fachkraft nicht sofort.	Nach Unfällen/Gefahrenfällen reagiert die Fachkraft sofort und adäquat, z.B. mit Erste-Hilfe-Versorgung oder Verständigung eines Arztes.
Die Fachkraft vergisst die Information über den Unfall/Gefahrenfall weiterzugeben.	Die Fachkraft informiert umgehend die Eltern über den Unfall/Gefahrenfall.
	Die Leitung ist informiert über die aktuelle Rechtsprechung zu strittigen Themen wie z.B. Zecken, Splitter. Im Team findet eine Reflexion zu Gefahrenfällen wie Zecken, Splitter statt. Die Eltern werden über die Versehrtheit informiert und eine adäquate Versorgung wird veranlasst.
Die Fachkraft wechselt verschmutzte/nasse Kleidung nur, wenn das Kind darum bittet.	Die Fachkraft wechselt sofort verschmutzte/nasse Kleidung bzw. unterstützt das Kind dabei.
Die Fachkraft zieht dem Kind vorhandene witterungsbedingte Kleidung nur unzureichend an bzw. veranlasst das Kind nur unzureichend dazu, diese anzuziehen. Das Kind wird sich bei der Wahl der geeigneten Kleidung selbst überlassen, obwohl es die Fachkraft um Unterstützung bittet.	Vorhandene witterungsbedingte Kleidung wird angezogen bzw. wird das Kind dazu veranlasst, diese anzuziehen. Kleidungsstücke, die Schutz vor Gefahren bieten, werden in Absprache mit den Eltern jederzeit und in ausreichender Anzahl dem Kind zur Verfügung gestellt.

	Kindeswohlgefährdend	
	Strafrechtlich relevantes Verhalten (StGB)	Nicht tolerierbares pädagogisches Verhalten (BGB, SGB VIII)
Kleidung	Die Fachkraft verweigert dem Kind bewusst Kleidung, die Schutz vor Gefahren bietet und das Kind erleidet dadurch einen Schaden, z.B. durch Radfahren ohne Fahrradhelm.	Die Fachkraft lässt bewusst die Schutzkleidung für die Kinder und sich weg.
Medikamentengabe (auch bei Allergien)	Die (lebens-)notwendige Medikamentengabe wird seitens der Fachkraft trotz ärztlicher Absprache und Einweisung nicht durchgeführt. Die Fachkraft gibt dem Kind willkürlich Medikamente oder die falschen Medikamente.	Notwendige Medikamente werden dem Kind (nach Absprache mit den Eltern, genauer Anleitung und Anordnung vom Arzt) falsch verabreicht, z.B. zu zeitig, zu spät, zu viel, zu wenig. Die Medikamente werden falsch bzw. zugänglich für Kinder aufbewahrt.
Maßnahmen bei selbstverletzendem/ selbstgefährdendem Verhalten		Die Fachkraft erkennt selbstverletzende Handlungen des Kindes nicht oder bagatellisiert selbstverletzende Handlungen des Kindes.
	Die Fachkraft greift bei selbstverletzenden/selbstgefährdenden Handlungen des Kindes nicht ein und es kommt zu einer Schädigung des Kindes.	Die Fachkraft greift bei selbstverletzenden/selbstgefährdenden Handlungen des Kindes nicht ein. Die Fachkraft versorgt das Kind unzureichend im physischen und psychischen Bereich.
		Die Fachkraft gibt keine Informationen über das selbstverletzende Verhalten des Kindes weiter.

<table>
<tr><th>Unangemessen</th><th>Angemessen</th></tr>
<tr><th>Grenzverletzendes Verhalten</th><th>Kindeswohlunterstützendes pädagogisches Verhalten</th></tr>
<tr><td>Die Fachkraft achtet nicht auf das Tragen von Schutzkleidung.</td><td>Die Kinder tragen Schutzkleidung bei bestimmten Aktivitäten, z.B. beim Fahrradfahren, Experimentieren. Sie lernen den bewussten Umgang mit der angemessenen Kleidung.
Die Fachkraft ist sich ihrer Vorbildfunktion in Bezug auf Kleidung, Witterungs- und Schutzkleidung bewusst und bespricht dies auch mit den Eltern.</td></tr>
<tr><td>Die Fachkraft verabreicht abgelaufene Medikamente und informiert die Eltern nicht rechtzeitig.</td><td>(Lebens-)Notwendige Medikamente sind den Fachkräften jederzeit zugänglich und sicher verwahrt. Sie werden dem Kind nach Absprache mit den Eltern und ärztlicher Absprache/Einweisung verabreicht. Die Fachkräfte fühlen sich sicher in der Gabe der Medikamente.
Das Kind weiß um die Notwendigkeit der Medikamentengabe. Die Medikamentengabe findet sprachlich begleitet, behutsam und entwicklungsgerecht statt. Gemeinsam mit den Eltern wird bei Weigerung des Kindes nach Lösungen gesucht.
Die Medikamentengabe wird im Elterngespräch thematisiert.
Es gibt ein klares Medikamentenmanagement in der Einrichtung. Dabei sind Eltern- und Einrichtungsverantwortung zu klären. Die Fachkraft dokumentiert die Medikamentengabe.</td></tr>
<tr><td>Die Fachkraft nimmt Ankündigungen zum selbstverletzenden Verhalten nicht ernst.</td><td rowspan="3">Jede Ankündigung und jeder Versuch von selbstverletzendem/selbstgefährdendem Verhalten werden ernst genommen und nachgegangen oder unterbunden.
Jedes Kind erhält die physische und psychische Versorgung, die es benötigt.
Jede Information über selbstverletzendes/ selbstgefährdendes Verhalten bei Kindern wird an die Leitung weitergegeben.
In der Einrichtung gibt es eine offene Kommunikationskultur, um selbstgefährdendes Verhalten bei Kindern, Eltern und Fachkräften ansprechen zu können.
Die Fachkraft reflektiert eigenes selbstgefährdendes und selbstverletzendes Verhalten.</td></tr>
<tr><td>Die Fachkraft versorgt versehentlich das Kind unzureichend im physischen und psychischen Bereich.</td></tr>
<tr><td></td></tr>
</table>

	Kindeswohlgefährdend	
	Strafrechtlich relevantes Verhalten (StGB)	Nicht tolerierbares pädagogisches Verhalten (BGB, SGB VIII)
Umgang mit kindeswohlgefährdenden Situationen nach § 8a SGB VIII	Trotz der Entscheidung des Teams zur Meldung nach § 8a SGB VIII meldet die dafür verantwortliche Person (fallführende Fachkraft, Leitung, Geschäftsführung – siehe trägerinterne Festlegung) der Einrichtung die Gefahr nicht an das Jugendamt. Das Kind erleidet durch die Nichtmeldung weitere strafrechtlich relevante Schädigungen.	Trotz der Entscheidung des Teams zur Meldung nach § 8a SGB VIII meldet die dafür verantwortliche Person (fallführende Fachkraft, Leitung, Geschäftsführung – siehe trägerinterne Festlegung) der Einrichtung die Gefahr nicht an das Jugendamt.
		Die Fachkraft ignoriert kindeswohlgefährdendes Verhalten durch die Eltern und/oder das soziale Umfeld.
		Bei Maßnahmen zur Abwendung einer Gefährdung werden arbeitsrechtliche Bestimmungen zum Datenschutz missachtet. Es gibt kein einrichtungsinternes Verfahren zur Umsetzung des § 8a SGB VIII bzw. die Fachkraft handelt nicht danach. Eltern werden nicht in die Gefährdungsprüfung einbezogen.[14]
Umgang mit grenzverletzendem Verhalten durch eine andere Fachkraft		Die Fachkraft ignoriert grenzverletzendes Verhalten durch andere Fachkräfte. Die Fachkraft vertuscht grenzverletzendes Verhalten durch andere Fachkräfte. Die Fachkraft unterstützt grenzverletzendes Verhalten durch andere Fachkräfte.
		Die Leitung nimmt grenzverletzendes Verhalten durch andere Fachkräfte nicht ernst und handelt nicht entsprechend ihres Leitungsauftrages.

14 Laut § 8a SGB VIII ist die Gefährdungseinschätzung immer mit den Erziehungsberechtigten durchzuführen, außer dies beeinträchtigt den wirksamen Schutz des Kindes. Es ist z.B. bei einem Verdacht auf sexualisierte Gewalt durch

Unangemessen	Angemessen
Grenzverletzendes Verhalten	**Kindeswohlunterstützendes pädagogisches Verhalten**
	Jedes Mitglied im Team der Einrichtung kennt die Handlungsleitfäden und kann diese umsetzen.
Die Fachkraft erkennt kindeswohlgefährdendes Verhalten durch die Eltern und/oder das soziale Umfeld nicht.	Die Fachkraft ist geschult und erkennt kindeswohlgefährdendes Verhalten durch die Eltern und/oder das soziale Umfeld. Sie reagiert umgehend und angemessen mit entsprechenden Maßnahmen.
Eltern werden unzureichend in die Gefährdungsprüfung einbezogen.[14] Die Fachkraft verharmlost die Gefährdung, um gut mit den Eltern im Kontakt zu bleiben.	Es gibt ein einrichtungsinternes Verfahren zur Umsetzung des § 8a SGB VIII und jedes Teammitglied kennt diesen Ablauf. Die Fallverantwortung bleibt bei der fallführenden Fachkraft, die den weiteren Werdegang und das Kind sensibel im Blick behält. Unterschiedliche Sichtweisen überprüft das Team mit einer weiteren externen (Fach-/Kinderschutz-)Beratung.
Die Fachkraft erkennt kindeswohlgefährdendes Verhalten durch andere Fachkräfte nicht.	Jede Fachkraft ist geschult und erkennt grenzverletzendes Verhalten durch andere Fachkräfte. Sie handelt zeitnah und reagiert angemessen mit entsprechenden Maßnahmen. Jedes Mitglied im Team der Einrichtung kennt angemessenes pädagogisches Verhalten und kann dieses umsetzen. In der Einrichtung gibt es eine offene Kultur, um grenzverletzendes Verhalten durch andere Fachkräfte ansprechen zu können.
Die Leitung ist nicht geschult im Erkennen und im Umgang mit grenzverletzendem Verhalten durch andere Fachkräfte.	

die Eltern/einen Elternteil unbedingt zu beachten, dass die Einbeziehung der Eltern den Schutz des Kindes gefährden kann. Die Hinzuziehung von Expertinnen und Experten wird unbedingt empfohlen.

	Kindeswohlgefährdend	
	Strafrechtlich relevantes Verhalten (StGB)	Nicht tolerierbares pädagogisches Verhalten (BGB, SGB VIII)
Umgang mit kindeswohlgefährdendem Verhalten durch eine andere Fachkraft	Die Fachkraft vertuscht oder unterstützt strafbares Verhalten anderer Fachkräfte.	Die Fachkraft vertuscht, unterstützt oder ignoriert kindeswohlgefährdendes Verhalten durch andere Fachkräfte.
	Die Fachkraft beobachtet kindeswohlgefährdendes Verhalten einer anderen Fachkraft und greift nicht ein, sodass es zur Schädigung des Kindes kommt.	Die dafür verantwortliche Person (fallführende Fachkraft, Leitung, Geschäftsführung – siehe trägerinterne Festlegung) meldet den Vorfall nach § 47 SGB VIII an das Landesjugendamt nicht. Die Leitung nimmt kindeswohlgefährdendes Verhalten durch andere Fachkräfte nicht ernst und handelt nicht entsprechend ihres gesetzlichen Auftrags und ihrer Dienstaufsichtspflicht.
Eingreifen in Verhalten der Kinder untereinander	Bei körperlichen oder sexuellen Übergriffen und Verletzungen unter den Kindern greift die Fachkraft nicht ein. Sie ignoriert körperverletzendes oder sexualisiertes Verhalten der Kinder untereinander.	Die Fachkraft greift erst sehr spät bei körperlichen, seelischen oder sexuellen Übergriffen und Verletzungen der Kinder untereinander ein.
	Die Fachkraft lässt Körperverletzungen oder sexualisierte Übergriffe unter Kindern bewusst zu oder verstärkt diese verbal.	Streitschlichtung findet durch die Fachkraft bewusst nicht statt.
Hygieneverhalten der Fachkraft	Die Fachkraft verstößt gegen strafbewährte Normen des Infektionsschutzgesetzes.	Die Fachkraft setzt bewusst die Hygienebestimmungen nicht um.
		Die Fachkraft desinfiziert bewusst und wiederholt verunreinigte Gegenstände nicht.
		Die Fachkraft zeigt ein zwanghaftes Hygieneverhalten.

<table>
<tr><th>Unangemessen</th><th>Angemessen</th></tr>
<tr><th>Grenzverletzendes Verhalten</th><th>Kindeswohlunterstützendes pädagogisches Verhalten</th></tr>
<tr><td>Die Fachkraft erkennt kindeswohlgefährdendes Verhalten durch andere Fachkräfte nicht.</td><td rowspan="2">Jede Fachkraft ist geschult und erkennt kindeswohlgefährdendes Verhalten durch andere Fachkräfte. Sie handelt zeitnah und reagiert angemessen mit entsprechenden Maßnahmen. Jedes Mitglied im Team der Einrichtung kennt den Handlungsleitfaden und kann diesen umsetzen.

In der Einrichtung gibt es eine offene Kommunikations- und Fehlerkultur, um kindeswohlgefährdendes Verhalten durch andere Fachkräfte anzusprechen und um sich damit auseinanderzusetzen.</td></tr>
<tr><td>Die Leitung ist nicht geschult im Erkennen und im Umgang mit kindeswohlgefährdendem Verhalten durch andere Fachkräfte.</td></tr>
<tr><td>Die Fachkraft setzt keine klaren Regeln und Grenzen zum Selbstschutz und Schutz der anderen Kinder.

Sie hilft den Kindern nicht bei der Bewältigung ihrer Probleme.</td><td>In der Einrichtung gibt es klare Grenzen und gemeinsam entwickelte Regeln zum Umgang untereinander, zum Selbstschutz und Schutz der anderen Kinder. Die Fachkraft bespricht diese mit allen Kindern und setzt diese um.</td></tr>
<tr><td>Streitschlichtung findet seitens der Fachkraft ungenügend statt bzw. wird von der Fachkraft nicht angeboten.</td><td>Die Fachkraft bietet Hilfe bei der Bewältigung von Problemen an und bezieht dabei gegebenenfalls die Eltern, das Team oder anderen Expert*innen mit ein.</td></tr>
<tr><td>Die Fachkraft setzt die Hygienebestimmungen versehentlich nicht um, z.B. vergisst versehentlich, sich die Hände zu waschen, obwohl dies notwendig wäre.</td><td>Die Fachkraft wäscht sich regelmäßig die Hände, insbesondere nach dem Windelwechseln, Spielplatzbesuch, Toilettengang, Reinigungsmaßnahmen und vor der Mahlzeitzubereitung.</td></tr>
<tr><td>Die Fachkraft vergisst versehentlich verunreinigte Gegenstände zu desinfizieren.</td><td>Die Fachkraft desinfiziert verunreinigte Gegenstände regelmäßig bzw. bei Notwendigkeit.</td></tr>
<tr><td>Die Fachkraft zeigt ein übertriebenes Hygieneverhalten.</td><td>Die Fachkraft reflektiert ihr eigenes Hygieneverhalten und kann dies anpassen. Sie ist sich ihrer Vorbildfunktion gegenüber Kindern und Eltern bewusst.</td></tr>
</table>

	Kindeswohlgefährdend	
	Strafrechtlich relevantes Verhalten (StGB)	Nicht tolerierbares pädagogisches Verhalten (BGB, SGB VIII)
Hygieneverhalten der Fachkraft		Die Leitung führt keine Belehrung zum Infektionsschutzgesetz und/oder zu Hygieneauflagen durch. Die Leitung gibt keine Informationen laut Infektionsschutzgesetz weiter.
Legale und illegale Drogen im Dienst/in der Einrichtung		Die Fachkraft trinkt Alkohol während ihres Dienstes oder kommt angetrunken zur Arbeit. Die Fachkraft steht unter Drogen. Die Fachkraft nimmt Medikamente, die die Reaktionszeit verlangsamen bzw. die Wahrnehmung beeinflussen und klärt den Arbeitgeber darüber nicht unverzüglich auf. Die Fachkraft raucht sichtbar vor Kindern und Eltern auf dem Gelände der Einrichtung. Drogen, Medikamente und Alkohol sind für das Kind zugänglich.

Unangemessen	Angemessen
Grenzverletzendes Verhalten	Kindeswohlunterstützendes pädagogisches Verhalten
Die Leitung gibt die Belehrung zu Hygieneauflagen an Teammitglieder oder zum Selbststudium ab und steht für Rückfragen nicht zur Verfügung.	Jedes Mitglied des Teams der Einrichtung ist geschult in den Hygieneauflagen und beim Infektionsschutz.
Zu Veranstaltungen in der Einrichtung für Eltern/Familien werden alkoholische Getränke gereicht. Die Fachkraft raucht sichtbar vor Kindern und Eltern vor dem Gelände der Einrichtung.	Die Einrichtung ist ein suchtfreier Ort. Es gibt ein Alkohol- und Rauchverbot in und vor der Einrichtung. Suchtpräventionsangebote für Kinder, Eltern und Fachkräfte finden statt.

Ernährung

	Kindeswohlgefährdend	
	Strafrechtlich relevantes Verhalten (StGB)	**Nicht tolerierbares pädagogisches Verhalten (BGB, SGB VIII)**
Nahrungsangebot und Setting der Mahlzeiten	Das Kind erhält keine Flüssigkeit und es kommt zu einer Schädigung seiner Gesundheit.	Das Kind erhält kein Angebot an Nahrung[15] bzw. der Zugang zu Nahrung wird durch die Fachkraft verweigert.[16] Die Fachkraft schließt das Kind willkürlich von den gemeinsamen Mahlzeiten aus.
Hilfestellung und Selbstständigkeit	Die Fachkraft zwingt das Kind zum Essen, indem sie gewaltsam den Mund öffnet, Nahrung zuführt oder den Schluckreflex auslöst.	Das Kind erhält auf Nachfrage und/oder Signale keine Hilfestellung. Das Kind muss sich selbst die Nahrung in den Mund führen, obwohl es dazu nicht in der Lage ist. Das Schlucken der Nahrung wird verbal von der Fachkraft eingefordert.
	Die Fachkraft fixiert das Kind beim Essen.[17]	Das Kind sieht keine Möglichkeit, sich selbst aus der Essenssituation zu lösen, z.B. weil der Teller auf dem Lätzchen steht.
Nahrungsqualität	Die Nahrung ist offensichtlich verdorben und gesundheitsschädigend für das Kind. Die Fachkraft zwingt das Kind zum Essen dieser Nahrungsmittel und es kommt zu einer Schädigung des Kindes.	Die Nahrung ist verdorben und gesundheitsschädigend für das Kind. Die Fachkraft unterbindet nicht das Essen dieser Nahrungsmittel.

15 Nahrung beinhaltet Essen und Trinken, die in der Kita bereitgestellt wird. (Das schließt selbst mitgebrachte Süßigkeiten aus.)

16 Zahlungsversäumnisse der Essenskosten müssen auf Erwachsenenebene zwischen Eltern/Einrichtung/Essensversorger geklärt werden. Für die Versorgung des Kindes müssen Alternativen (ggf. Essen selbst mitbringen) gefunden werden.

17 Ausnahme: Nach Absprache mit den Eltern wird das Kind aufgrund einer medizinischen Indikation/Behinderung fixiert, um es vor Verletzungen zu schützen. Die sprachliche Begleitung der Fixierung muss erfolgen!

<table>
<tr><th>Unangemessen</th><th>Angemessen</th></tr>
<tr><th>Grenzverletzendes Verhalten</th><th>Kindeswohlunterstützendes pädagogisches Verhalten</th></tr>
<tr><td>Die Fachkraft lässt das Kind als Konsequenz die Mahlzeit separiert von den anderen Kindern zu sich nehmen.</td><td>Die Mahlzeiten werden regelmäßig gemeinsam in der Gruppe eingenommen.

Das Kind entdeckt und genießt mit allen Sinnen die Nahrungsmittel.

Das Kind wird herangeführt, die angebotene Nahrung zu nutzen.

Die Nahrungsgabe erfolgt ritualisiert zu bestimmten Zeiten und mit bestimmten Abläufen, z.B. Reimen, Liedern.</td></tr>
<tr><td>Das Kind erhält auf Nachfrage und/oder Signale nur eine mangelnde Hilfestellung durch die Fachkraft.</td><td rowspan="2">Das Kind isst selbstständig und erhält entwicklungsgerechte Hilfestellung.

Die Fachkraft stellt entwicklungsgerechtes Essbesteck zur Verfügung. Sie unterstützt das Kind auf Nachfrage und Beobachtung.

Es gibt verbale Begleitung und kindgerechte Erklärung in den Essensituationen.</td></tr>
<tr><td>Das Kind wird (wiederholt) manipulativ von der Fachkraft aufgefordert, Nahrung zu sich zu nehmen, z.B. mit der Äußerung: »... sonst gibt es schlechtes Wetter.«</td></tr>
<tr><td></td><td></td></tr>
<tr><td>Die Nahrung hat dauerhaft eine geringe Qualität und fördert nicht die Gesundheit des Kindes. Die Fachkraft achtet nicht auf die Qualität der in der Einrichtung gegebenen Nahrungsmittel.</td><td>Die Nahrung ist kindgerecht, qualitativ hochwertig, ausgewogen und gesund. Die Verpflegung in der Einrichtung entspricht den DGE-Qualitätsstandards für Kitas.</td></tr>
</table>

	Kindeswohlgefährdend	
	Strafrechtlich relevantes Verhalten (StGB)	Nicht tolerierbares pädagogisches Verhalten (BGB, SGB VIII)
Wahl der Nahrung	Die Fachkraft missachtet bei der Nahrungsgabe die Allergien des Kindes und es kommt zur Schädigung seiner Gesundheit. Die Fachkraft missachtet ärztlich attestierte Empfehlungen zur Nahrungsgabe und es tritt ein Gesundheitschaden ein.	Die Fachkraft missachtet bei der Nahrungsgabe religiöse[18] Essensvorschriften. Mit den Eltern abgestimmte Essensvorgaben werden missachtet.
	Die Fachkraft zwingt das Kind gewaltsam zum Essen und Trinken jeglicher Nahrung, auch Erbrochenes.	Die Fachkraft ordnet dem Kind an, so lange sitzen zu bleiben, bis es aufgegessen hat. Die Fachkraft drängt das Kind zum Kosten der Nahrung.
		Das Kind wird durch die Fachkraft bei der Nahrungswahl unter Druck gesetzt, z.B. bei Nichtaufessen des Gemüses wird Fleisch verweigert.
		Nahrung wird bewusst als Belohnung/Bestechung/Strafe durch die Fachkraft missbraucht.
Nahrungsmenge		Die Fachkraft gibt dem Kind dauerhaft nicht genug Nahrung. Es bleibt hungrig. Das Kind wird durch die Fachkraft bestraft, indem es keine Nahrung bzw. keine angemessene Menge bekommt.
		Das Kind isst dauerhaft übermäßig viel und wird von der Fachkraft nicht abgehalten, gesundheitsschädigend viel zu essen.

18 Hiermit sind Essensvorschriften von anerkannten Religionsgemeinschaften als Körperschaft des öffentlichen Rechts gemeint.

Unangemessen	Angemessen
Grenzverletzendes Verhalten	Kindeswohlunterstützendes pädagogisches Verhalten
Wenn das Kind etwas nicht mag, werden keine Alternativen gesucht.	Die Fachkraft beachtet die Bedarfe, Bedürfnisse, die Unverträglichkeiten des Kindes und die Wünsche der Eltern, soweit diese dem Kindeswohl entsprechen. Es gibt einen Austausch im Team und mit den Eltern zu kindgerechten und -orientierten Ernährungsthemen. Es werden Alternativen gemeinsam mit dem Kind gesucht.
	Das Kind entscheidet selbständig, ob, was und wie viel es isst. Dabei begleitet die Fachkraft das Kind. Sie regt das Kind zum Probieren verschiedener Speisen an.
Das Kind bekommt gegen seinen Willen durch die Fachkraft Essen auf seinen Teller verteilt.	Das Kind kann ein Gespür entwickeln, nach welchen Lebensmitteln der Körper verlangt und was ihm schmeckt.
Nahrung wird unabsichtlich als Belohnung/Bestechung/Strafe durch die Fachkraft missbraucht.	Die Kinder werden nach Möglichkeit in die Planung und Zubereitung der Speisen einbezogen.
Das Kind erhält durch die Fachkraft nicht genug Nahrung und es bleibt hungrig.	Das Kind bekommt eine seinem Alter (und seiner Aktivität) entsprechend angemessene Menge an Nahrung zur Verfügung gestellt. Wenn ein Kind nichts trinken und essen möchte, werden die Eltern darüber informiert und zum Wohle des Kindes gemeinsam Lösungen gesucht.
	Auch bei übermäßigem Essen und Trinken werden die Eltern informiert.

Schlafen – Ruhen – Wachen

	Kindeswohlgefährdend	
	Strafrechtlich relevantes Verhalten (StGB)	Nicht tolerierbares pädagogisches Verhalten (BGB, SGB VIII)
Schlaf-, Ruhe-, Wachsituation		Es herrscht eine Pflicht zum Schlafen für alle Kinder, zu einer festgelegten Zeit, welcher sich kein Kind entziehen kann.
	Das Kind wird von der Fachkraft am Schlafplatz fixiert. Das Kind wird gewaltvoll oder durch Drohung zum stillen Liegen gezwungen.	
		Die Fachkraft hindert das Kind außerhalb der Schlaf- und Ruhesituation am Einschlafen. Die Fachkraft enthält dem Kind bewusst den Tages-, Mittagsschlaf oder die Ruhezeiten vor.
		Das Kind wird sehr lautstark von der Fachkraft bedrängt, leise zu sein, liegen zu bleiben und/oder die Augen zu schließen. Das Kind bekommt von der Fachkraft zum Ruhigstellen ein Tuch über den Kopf gedeckt und kann dieses nicht selbstständig entfernen.
		Die Fachkraft verhindert bewusst den Toilettengang und lässt das Kind einnässen oder einkoten. In der Einrichtung gibt es die Regel, dass Kinder während des Mittagsschlafes die Toilette nicht aufsuchen dürfen. Die Fachkraft lässt das Kind während des Mittagsschlafes die Toilette nicht aufsuchen.

<table>
<tr><th>Unangemessen</th><th>Angemessen</th></tr>
<tr><th>Grenzverletzendes Verhalten</th><th>Kindeswohlunterstützendes pädagogisches Verhalten</th></tr>
<tr><td>In der Einrichtung gibt es keine Alternative zur Schlafgruppe.</td><td rowspan="4">Die Einrichtung hat ein klares und kindorientiertes Wach-Schlaf-Konzept. Das unterschiedliche Schlafbedürfnis der Kinder findet dabei Berücksichtigung.

Die Schlaf- und Ruhezeiten sind an den Bedürfnissen des Kindes orientiert. Es herrscht ein flexibler Wechsel von Aktivitäts- und Ruhzeiten.

Für Kinder, die nicht schlafen wollen/können, werden Alternativen gesucht.

Kinder, die schlafen wollen, werden liebevoll, individuell und bedürfnisorientiert in den Schlaf begleitet.

Das Kind hat die Möglichkeit frei zu wählen, was ihm beim Einschlafen hilft.</td></tr>
<tr><td>Das Kind wird durch die Fachkraft unbewusst zum Tages-, Mittagsschlaf oder zur Ruhzeit angehalten.</td></tr>
<tr><td>Die Fachkraft enthält dem Kind unbeabsichtigt den Tages-, Mittagsschlaf oder die Ruhezeiten vor.

Die Fachkraft übersieht das Schlaf-, Ruhe- und Wachbedürfnis des Kindes.</td></tr>
<tr><td>Die Fachkraft ermahnt das Kind ständig leise zu sein und liegen zu bleiben. Dies erfolgt ohne Orientierung an den Bedürfnissen des Kindes.

Die Fachkraft bietet dem Kind keine Alternativen an, um zur Ruhe zu kommen.</td></tr>
<tr><td>Der Toilettengang des Kindes wird herabwürdigend kommentiert, z.B. durch: »Weil du vorher nicht warst.«</td><td>Das Kind hat jederzeit die Möglichkeit, die Toilette aufzusuchen.

Gründe des Kindes für häufiges Aufsuchen der Toilette während der Schlafzeit werden reflektiert.</td></tr>
</table>

	Kindeswohlgefährdend	
	Strafrechtlich relevantes Verhalten (StGB)	Nicht tolerierbares pädagogisches Verhalten (BGB, SGB VIII)
Schlaf-, Ruhe-, Wachsituation	Die Fachkraft hält das Kind gewaltvoll oder mit Zwang von seiner Selbstbefriedigung ab, z.B. durch Festbinden.	Die Fachkraft verbietet dem Kind die eigene Selbstbefriedigung und vermittelt so, dass es etwas Schlechtes ist.
		Das Kind wird absichtlich sehr unsanft durch die Fachkraft geweckt.
Schlafplatz		Dem Kind wird kein Schlafplatz zur Verfügung gestellt. Das Kind muss absichtlich mit vielen vermeidbaren Störfaktoren schlafen und kann so nicht zur Ruhe kommen.
	Die Fachkraft ignoriert, dass der Schlafplatz ein massives Gesundheitsrisiko[19] für das Kind darstellt und es kommt zu einer Schädigung des Kindes.	Die Matratze, das Kissen, die Decke sowie die Schlafumgebung des Kindes sind verschmutzt. Die Fachkraft isoliert das Kind in einem angstmachenden Raum. Die Fachkraft legt das Kind als Sanktion in einen separaten Raum.

19 z.B. Schimmel, Nässe, übertragbare Krankheiten, Allergene oder ein Sturz-/Verletzungsrisiko

Unangemessen	Angemessen
Grenzverletzendes Verhalten	Kindeswohlunterstützendes pädagogisches Verhalten
Die Fachkraft ignoriert, dass sich andere Kinder durch die Selbstbefriedigung eines Kindes gestört fühlen.	Die unterschiedlichen Formen, wie Kinder ihren Körper entdecken, ist der Fachkraft bekannt und gehören zu der kindlichen Entwicklung dazu. Die Fachkraft weiß, dass bei einigen Kindern die körperliche Stimulation stärker ausgeprägt ist. Hier achtet sie auf einen geeigneten Rahmen für alle.
Das Kind wird versehentlich sehr unsanft durch die Fachkraft geweckt.	Kinder werden sanft durch Licht, Geräusche und achtsame Berührungen geweckt.
Das Kind muss unabsichtlich mit vermeidbaren Störfaktoren schlafen und kann so nicht zur Ruhe kommen.	Der Schlafplatz des Kindes und dessen Umgebung ist sauber, störungsfrei (abgedunkelt, gelüftet, ruhig) und ermöglicht es dem Kind, zur Ruhe zu kommen. Das Kind kann ungestört schlafen oder sich ausruhen.
	Das Kind kann den Schlafplatz frei wählen und individuell gestalten.

Körperpflege

	Kindeswohlgefährdend	
	Strafrechtlich relevantes Verhalten (StGB)	Nicht tolerierbares pädagogisches Verhalten (BGB, SGB VIII)
Windelwechsel		Das Kind wird von der Fachkraft derb zum Wechsel der Windel gezwungen. Volle Windeln werden von der Fachkraft nicht gewechselt.
	Die Windel des Kindes wird durch die Fachkraft bewusst und trotz massiver Hautentzündungen und/oder Hautläsionen nicht gewechselt und es kommt zu einer Schädigung des Kindes.	Es erfolgt keine achtsame Pflege im Windelbereich durch die Fachkraft. Windeln werden trotz Hautentzündungen von der Fachkraft selten gewechselt.
		Das Kind hat Zugriff auf entsorgte Windeln.
Sauberkeitsentwicklung	Das Sauberkeitstraining erfolgt durch die Fachkraft unter Gewalt, massivem Zwang und Beleidigung.	Die Fachkraft setzt das Kind massiv unter Druck, wenn das Sauberkeitstraining nicht funktioniert.
		Die Fachkraft zwingt das Kind auf das Töpfchen, obwohl es nicht muss. Die Fachkraft lässt bewusst das Kind unnötig lang auf dem Töpfchen sitzen.

Unangemessen	Angemessen
Grenzverletzendes Verhalten	Kindeswohlunterstützendes pädagogisches Verhalten
Volle Windeln werden von der Fachkraft unzureichend gewechselt.	Die Fachkraft achtet auf die Signale des Kindes bezüglich Zeitpunkt, Art und Weise (stehend/liegend) und von welcher Fachkraft es gewickelt werden möchte und reagiert entsprechend darauf.
Es erfolgt nur mäßige Pflege im Windelbereich durch die Fachkraft.	Das Windelwechseln erfolgt liebevoll, individuell und sprachlich begleitet. Volle Windeln werden schnellstmöglich gewechselt. Hautpflege findet achtsam und mit den von den Eltern mitgebrachten Pflegemitteln statt. Ärztlich diagnostizierte Hautentzündungen werden achtsam und ausschließlich mit durch den Arzt angeordneten Mitteln versorgt.[20]
Die Fachkraft achtet nicht auf die Wickelhygiene und Intimsphäre.	Auf Wickelhygiene wird geachtet. Der Wickelplatz ist sauber und die Intimsphäre des Kindes wird gewahrt. Falls kein Sichtschutz o.ä. zur Wahrung der Intimsphäre vorhanden ist, wirkt die Fachkraft auf Veränderung bzw. Alternativen hin.
	Windeln werden so entsorgt, dass das Kind keinen Zugriff darauf hat.
Die Fachkraft spricht abschätzend mit dem Kind, wenn es einnässt oder einkotet oder übt Druck auf das Kind aus.	ie Sauberkeitsentwicklung beginnt spielerisch und ohne Erfolgsdruck und in langsamen, dem Kind angepassten Schritten. Die Sauberkeitsentwicklung des Kindes wird durch die Fachkraft angemessen begleitet.
Fachkraft lässt das Kind auf dem Töpfchen sitzen, obwohl das Kind bereits mit dem Toilettengang fertig ist bzw. es keinen Toilettendrang verspürt.	Das Kind wird unterstützt, die Signale des Körpers zum Toilettengang wahrzunehmen. Das Kind wird bestärkt und ihm wird so viel Zeit gelassen, wie es braucht.

20 Entsprechend der trägerspezifischen Regelungen zur Medikamentengabe in der Einrichtung, z.B. Empfehlungen des sächsischen Staatsministeriums für Soziales zur Medikamentengabe in Kindertageseinrichtungen.

	Kindeswohlgefährdend	
	Strafrechtlich relevantes Verhalten (StGB)	Nicht tolerierbares pädagogisches Verhalten (BGB, SGB VIII)
Sauberkeits-entwicklung		Die Fachkraft verweigert dem Kind bewusst Hilfsmittel und Hilfestellung.
		Das Kind wird bei »Missgeschicken« durch die Fachkraft vorgeführt und lächerlich gemacht.
Toilettengang, Toiletten	Der Toilettengang erfolgt durch die Fachkraft unter Gewalt oder Beleidigung.	Das Kind wird durch die Fachkraft zum Toilettengang gezwungen. Die Fachkraft lässt das Kind so lange sitzen, bis eine Ausscheidung erfolgt ist.
		Die Fachkraft verweigert dem Kind den Gang zur Toilette.
		Das Kind wird durch die Fachkraft bei Auffälligkeiten in der Sauberkeitsentwicklung vorgeführt, lächerlich gemacht oder ausgeschimpft.
		Die Fachkraft ist während des Toilettengangs gegen den Willen des Kindes anwesend.
Waschsituation	Die Fachkraft führt gewaltvolle Waschmaßnahmen durch, die zu einer Schädigung des Kindes führen.	Die Fachkraft führt grobe Waschmaßnahmen gegen den Willen des Kindes durch.
	Die Fachkraft säubert mit sexueller Intention das Kind im Genitalbereich.	Die Fachkraft missachtet die vom Kind signalisierte Schamgrenze. Die Fachkraft säubert das Kind im Genitalbereich, obwohl es selbst dazu in der Lage ist.

Unangemessen	Angemessen
Grenzverletzendes Verhalten	Kindeswohlunterstützendes pädagogisches Verhalten
Die Fachkraft stellt dem Kind unzureichend Hilfsmittel und Hilfestellung zur Verfügung.	Das Kind bekommt Hilfestellung, wenn es diese benötigt. Es werden individuelle Hilfsmittel genutzt, z.B. Töpfchen, Toilettenaufsatz, Windelhöschen.
Die Fachkraft wertet das »Missgeschick« des Kindes unbewusst mit Mimik und Gestik ab.	Mit »Missgeschicken« wird achtsam umgegangen.
	Das Kind kann jederzeit selbstbestimmt entscheiden, wann und wie lange es die Toilette aufsucht. Die Fachkraft unterstützt und bestärkt das Kind, ein individuelles Gespür zu entwickeln, wann es auf Toilette muss.
Die Fachkraft verweigert dem Kind versehentlich den Gang zur Toilette.	Das Kind entscheidet selbst, welche Fachkraft ihm in welchem Umfang Hilfestellung gibt.
	Die Fachkraft geht achtsam und reflektiert mit dem Kind bei Auffälligkeiten in der Sauberkeitsentwicklung um. Bei Einnässen, Einkoten und anderen Auffälligkeiten in der Sauberkeitsentwicklung werden die Eltern informiert und ihnen wird Hilfe angeboten.
	Der Toilettenplatz ist sauber und die Intimsphäre des Kindes wird gewahrt. Falls kein Sichtschutz o.ä. zur Wahrung der Intimsphäre vorhanden ist, wirkt die Fachkraft auf Veränderung bzw. Alternativen hin.
Die Fachkraft führt unsensible Waschmaßnahmen am Kind durch, z.B. mit eiskaltem Wasser, Waschen von hinten.	Dem Kind werden so viel Eigenaktivität und Selbstverantwortung wie nur möglich gewährt.
Die Fachkraft erkennt die Schamgrenzen des Kindes nicht.	Die Fachkraft nimmt kindliche Signale zur individuellen Schamgrenze wahr und achtet diese. Sie unterstützt das Kind beim Erkennen der eigenen Schamgrenze. Der Waschraum ist sauber und die Intimsphäre des Kindes wird gewahrt. Falls kein Sichtschutz o.ä. zur Wahrung der Intimsphäre vorhanden ist, wirkt die Fachkraft auf Veränderung bzw. Alternativen hin.

	Kindeswohlgefährdend	
	Strafrechtlich relevantes Verhalten (StGB)	Nicht tolerierbares pädagogisches Verhalten (BGB, SGB VIII)
Waschsituation		Die Waschmaßnahmen sind für das Kind unvorhersehbar und werden durch die Fachkraft nicht sprachlich begleitet.
		Das Kind wird unzureichend gewaschen und bekommt wiederholt seitens der Fachkraft keine Unterstützung, wenn es darum bittet. Die Fachkraft führt unbegründete und übertriebene Waschmaßnahmen am Kind durch.
Haare und Nägel[21]		Die Fachkraft schneidet dem Kind Haare oder Nägel.
Zähneputzen		Wenn die Einrichtung das Zähneputzen anbietet: Das Kind erhält seitens der Fachkraft bewusst keine Unterstützung, auch wenn es danach fragt.
	Die Fachkraft zwingt das Kind gewaltvoll zum Zähneputzen, z.B. steckt sie dem Kind die Zahnbürste in den Mund und putzt gewaltvoll, sodass Verletzungen in der Mundhöhle entstehen.	Die Fachkraft bedrängt das Kind, die Zähne zu putzen.

21 Umgang bei Verletzungen z.B. im Nagelbett siehe Kapitel »Aufsicht und Schutz vor Gefahren«

Unangemessen	Angemessen
Grenzverletzendes Verhalten	Kindeswohlunterstützendes pädagogisches Verhalten
Die Fachkraft kündigt den Beginn des Waschens nicht an und begleitet das Waschen unzureichend.	Das Kind bekommt so viel Unterstützung, wie nötig ist. Jede Pflegehandlung wird verbal/nonverbal angekündigt, findet nur mit Einverständnis des Kindes statt und wird mit Worten begleitet.
	In Abstimmung mit den Eltern werden notwendige Pflegebehandlungen dem Kind erklärt und so sanft wie möglich durchgeführt, z.B. nach Sonnenbrand, bei Entzündungen, Hautirritationen. Der Hautkontakt zeigt dem Kind Wertschätzung und fördert seine Wahrnehmung, z.B. beim Waschen und Eincremen. Die Eltern werden über alle körperlichen Auffälligkeiten des Kindes informiert und es wird ihnen Unterstützung angeboten.
	Haare werden in Abstimmung mit den Eltern und dem Kind achtsam gekämmt und frisiert.
Wenn die Einrichtung das Zähneputzen anbietet: Das Kind erhält seitens der Fachkraft keine Unterstützung und keine Möglichkeit, sich das Zähneputzen sachgerecht anzueignen.	Die Wichtigkeit von Zahnhygiene ist bekannt und wird in der Einrichtung ermöglicht. Hierzu findet eine enge Zusammenarbeit mit dem Kinder- und Jugendzahnärztlichen Dienst bzw. der zuständigen zahnärztlichen Praxis für die Einrichtung statt.
	Das Kind erhält die Möglichkeit, sich die Zähne zu putzen und wird von der Fachkraft motiviert. Dem Kind werden so viel Eigenaktivität und Selbstverantwortung wie nur möglich gewährt. Es bekommt so viel Unterstützung, wie nötig ist. Jede Unterstützung beim Zähneputzen wird verbal und nonverbal angekündigt, findet nur mit Einverständnis des Kindes statt und wird mit Worten begleitet.

	Kindeswohlgefährdend	
	Strafrechtlich relevantes Verhalten (StGB)	Nicht tolerierbares pädagogisches Verhalten (BGB, SGB VIII)
Nase putzen		Das Kind erhält seitens der Fachkraft bewusst keine Unterstützung, auch wenn es danach fragt.

Unangemessen	Angemessen
Grenzverletzendes Verhalten	Kindeswohlunterstützendes pädagogisches Verhalten
Das Kind erhält seitens der Fachkraft keine Unterstützung und keine Möglichkeit, sich das Naseputzen sachgerecht anzueignen.	Das Kind erhält die Möglichkeit, sich die Nase zu putzen. Das Kind wird zur Eigenaktivität und Selbstständigkeit beim Naseputzen angeleitet. Es bekommt so viel Unterstützung, wie nötig ist. Jede Unterstützung wird verbal und nonverbal angekündigt und wird mit Worten begleitet. Das Kind erlernt die hygienische Notwendigkeit, die Handhabung und korrekte Entsorgung eines Tuchs beim Naseputzen.

Empfohlener Umgang

Verdachtsmomente einordnen und angemessen handeln

Zum umsichtigen Vorgehen bei einem Verdacht auf bzw. einer Beobachtung von unangemessenem, nicht tolerierbarem bzw. rechtlich untersagtem Verhalten einer Fachkraft ist es wichtig, im Vorfeld klare einrichtungsinterne Handlungsabläufe zu formulieren.

In diesen muss unter anderem auch geregelt sein, wer einzubeziehen ist, wenn das oben genannte Verhalten von der Leitungskraft ausgeht.

Die Ansprache des Verhaltens kann seitens einzelner Fachkräfte, über das Team, die Leitung oder Außenstehende (z.B. Praktikant*innen, Eltern) erfolgen.

Die Dokumentation der Beobachtung und der weiteren Maßnahmen inklusive der Intervention ist Aufgabe der Leitung.

Die nachfolgenden Maßnahmen sind eine nicht abgeschlossene Sammlung von Interventionsmöglichkeiten. Welche Reaktionen bzw. Handlungen davon jeweils geeignet, angebracht und notwendig sind, muss im Einzelfall entschieden werden. Im kindeswohlgefährdenden Bereich (rot) wird empfohlen, externe Beratung (z.B. Fachberatung im Träger oder Kommune, Kriseninterventionsteam, juristische Beratung) zu nutzen.

Neben der Reflexion, der Verhaltenskorrektur bzw. dem künftigen Unterlassen des betreffenden Verhaltens muss immer der Schutz des jeweiligen Kindes im Vordergrund stehen.

Ablaufschema institiutionelle Kindeswohlgefährdung

Exemplarischer Ablauf

Verantwortlichkeiten

Das betroffene Kind öffnet sich.

Ein anderes Kind beobachtet.

Eltern beobachten.

Ein*e Mitarbeitende*r beobachtet.

Das Kind wendet sich an eine*n Mitarbeitende*n oder die Eltern.

Dem Kind wird geglaubt.

Gegebenenfalls wird die Fachkraft auf ihr Verhalten angesprochen. → Fachkraft verändert ihr Verhalten. — Mitarbeitende*r

Der Schutz des Kindes sollte oberste Priorität haben.

Mitarbeitende informiert Leitung — Mitarbeitende*r/Leitung

- Leitung protokolliert das Gespräch
- Leitung gibt Information über den weiteren Verlauf

Leitung führt zeitnah Gespräch mit betroffener Fachkraft → Fachkraft verändert ihr Verhalten. — Leitung

- Sichtweise der betroffenen Fachkraft erfahren, Sichtweise der Leitung darlegen
- Leitung bietet Unterstützung an/gibt Information über weiteren Verlauf
- Leitung protokolliert Gespräch

Leitung informiert Träger (Geschäftsführung/Vorstand/Führungsebene) — Leitung

Beratung über Sachlage, zur Vorbereitung des Personalgespräches und zum weiteren Vorgehen — Leitung/Träger

- Erörterung der Sachlage unter Hinzuziehung des Protokolls des Gespräches mit der betroffenen Fachkraft
- je nach Sachlage Hinzuziehung einer externen Beratung
- Absprachen zum Umgang mit betroffener Fachkraft, Kindern, Eltern, Team, Öffentlichkeit etc. treffen
- Prüfung der Meldung nach §47 SGB VIII an das Landesjugendamt
- Prüfung weiterer rechtlicher Schritte

Personalgespräch mit betroffener Fachkraft → Fachkraft verändert ihr Verhalten. — Träger bzw. Personalverantwortliche*r

- Sichtweisen und Positionierung des Trägers/Leitung aufzeigen
- Hilfe/Unterstützung anbieten
- ggf. rechtliche Maßnahmen ergreifen

Weiterarbeit an Absprachen aus der Beratung und an den möglichen Auflagen des Landesjugendamtes

Kindeswohlunterstützendes Verhalten

Der beste Schutz für ALLE!

Mit dem Prozess der Schutzkonzeptentwicklung prüft, standardisiert und entwickelt die Einrichtung viele Aspekte zum Schutz der Kinder qualitativ weiter.

So wird sichergestellt, dass Abläufe, Zuständigkeiten, Bestimmungen und Anweisungen verständlich und abgestimmt vorliegen.

Im pädagogischen Alltag sind die Selbst- und Teamreflexion, der gemeinsame Austausch, die Transparenz der Arbeitsweise und die Haltungsbildung unverzichtbar eingebunden.

Es gibt Raum und das gegenseitige Verständnis, Irritationen bezogen auf pädagogisches Verhalten selbstverständlich anzusprechen.

Die konstruktive Auseinandersetzung mit Settings, Umsetzung der Kinderrechte und Einzelsituationen unterstützen die abgestimmte Kommunikations- und Fehlerkultur. Dies führt zu der notwendigen Achtsamkeit und dem respektvollen Miteinander bezogen auf das Kind, den Eltern, sich selbst und das Team. So gewinnen Fachkräfte an Sicherheit, Eltern an Vertrauen und Kinder an Geborgenheit.

Bestandteile eines Schutzkonzeptes sind:

- Leitbild
- Prävention
- Partizipation
- Beschwerde und Anlaufstellen
- Personalverantwortung
- Verhaltenskodex
- Fortbildungen
- Handlungsleitfäden
- Kooperationen

Grenzverletzendes Verhalten

Der Schutz des Kindes muss gewahrt werden.

Eine Reflexion und Korrektur des pädagogischen Verhaltens der Fachkraft ist notwendig. Eine Wiederholung ist zu vermeiden.

Die Leitung wird spätestens bei Wiederholung des Verhaltens gegenüber dem Kind informiert und dokumentiert den Sachverhalt. Die Fachkraft ist bereit und fähig, ihr Handeln zu reflektieren und zu verändern.

In einem geeigneten Rahmen (Elternbeiratssitzung, Elternabend) werden die Ergebnisse der Aufarbeitung von ungünstigen pädagogischen Verhalten thematisiert.

Möglichkeiten des Trägers in Bezug auf die Fachkraft

- Personalgespräch
- Einzelcoaching/Supervision
- Weiterbildung
- Dienstanweisungen
- Ermahnung
- Belehrungen

Möglichkeiten des Trägers in Bezug auf das Team der Einrichtung

- Teamsupervision/-coaching
- Pädagogische Tage/Weiterbildungen
- Entwicklung/Fortschreibung/Auseinandersetzung mit den einzelnen Bereichen eines Schutzkonzeptes

Kindeswohlgefährdendes Verhalten

Der Schutz des Kindes wird zunächst sichergestellt. Meldepflicht nach § 47 SGB VIII wird umgesetzt.

Eine Reflexion und Korrektur des pädagogischen Verhaltens der Fachkraft ist unabdingbar. Das Verhalten der Fachkraft ist sofort zu unterbinden.

Die Personalverantwortlichen führen ein Personalgespräch mit der Fachkraft. Die Leitung und/oder Träger sind entsprechend einzubeziehen. Hierbei achtet die Leitung auf die Bereitschaft und Fähigkeit der Fachkraft zur Reflexion und Veränderung ihres Handelns. Es erfolgt eine Prüfung von arbeits- und ggf. strafrechtlichen Schritten.

Mit den Eltern des betroffenen Kindes wird unverzüglich ein Gespräch geführt. In diesem werden sie über den Vorfall, die eingeleiteten Maßnahmen und Unterstützungsmöglichkeiten informiert.

Möglichkeiten des Trägers in Bezug auf die Fachkraft

- Personalgespräch
- Weiterbildung
- Supervision/Coaching
- Ermahnung
- Abmahnung
- Freistellung/Beurlaubung
- Versetzung
- Zwang zur Inanspruchnahme von Beratung, Hilfe und Unterstützung
- Hinweis auf Dienstvereinbarungen
- Hausverbot (inkl. Schlüsselrückgabe)
- Kontaktverbot
- Außerordentliche Kündigung
- ggf. Strafanzeige

Möglichkeiten des Trägers in Bezug auf das Team der Einrichtung

- Teamsupervision/-coaching
- Weiterbildungen
- Entwicklung/Fortschreibung/Auseinandersetzung mit den einzelnen Bereichen eines Schutzkonzeptes

Begriffsbestimmungen

Einrichtung

Der Einrichtungsbegriff umfasst hier den Bereich Kinderkrippe und Kindergarten, also die Betreuung von Kindern in Kindertageseinrichtungen bis zum Schuleintritt.

Kindertagespflegestellen sind in erster Linie nicht mit gemeint, da die beschriebenen Inhalte neben dem Verhalten der Fachkraft auch Team- und Leitungsprozesse abbilden. Die Einschätzungshilfe kann für Kindertagespflegepersonen als Orientierung und Selbstreflexion dienen.

Träger

Der Begriff Träger umfasst freie und kommunale Träger von Kindertageseinrichtungen.

Leitungskraft

Mit Leitung ist hier stets die/der unmittelbare Vorgesetzte gemeint.

Fachkraft

Fachkraft umfasst alle pädagogischen Fachkräfte inklusive der Leitungskraft in der Einrichtung, die direkt, selbstverantwortlich und unmittelbar am und mit dem Kind arbeiten.

Nach § 72 SGB VIII sind pädagogische Fachkräfte Personen, die eine entsprechende pädagogische Fachausbildung besitzen und persönlich dazu geeignet sind, beruflich Aufgaben der Kinder- und Jugendhilfe wahrzunehmen. Auszubildende können den Orientierungskatalog nutzen, um frühzeitig handlungssicher zu werden.

Alle weiteren in der Einrichtung Tätige können unter nicht-pädagogisches Personal bzw. nicht-hauptamtliche Personen zusammengefasst werden, z.B.:

- Technisches Personal und Reinigungspersonal,
- Verwaltungs- und Küchenpersonal,
- Praktikant*innen,
- Personen im Freiwilligen Sozialen Jahr oder Bundesfreiwilligendienst,
- Freiwillige und Patinnen und Paten.

Leitfaden

Der Begriff Leitfaden wird synonym für einrichtungsinterne Festschreibungen, Verfahrenswege und Handlungsabläufe genutzt.

Dank

Wir danken den Beteiligten, ihren Vertretungen und Teams der beiden Arbeitsgruppen für die Diskussionsfreude, die umfangreichen und bereichernden Fachbeiträge, das Verständnis für Kinderschutz und das Ringen um die richtigen Worte sowie die vertrauensbildende Zusammenarbeit:

Arbeitsgruppe Dresden/Sachsen

AWO Soziale Dienste Chemnitz und Umgebung gGmbH (Fachberatung), Bik e.V. (Fachkraft Kinderschutz), DKSB RV Freiberg e.V. (Leitungskraft), DKSB OV Radebeul e.V. (Fachkraft), Eigenbetrieb Kindertageseinrichtungen Dresden (Fachberatung), Ev.-Luth. Kirchgemeinde St. Martin Meerane-Waldsachsen (Leitungskraft), Hochschule Mittweida/Fakultät Soziale Arbeit (Professorin für Sozialwissenschaften), Johanniter-Unfall-Hilfe e.V. (Fachberatung), KINDERLAND Sachsen e.V. (Fachberatung), Landkreis Zwickau/Amt für Planung, Bildung, Schule (Fachberatung), Städtische Kindertagesstätte in Bautzen (Leitungskraft)

Arbeitsgruppe Landkreis Görlitz

AWO Lausitz gGmbH (Fachkraft), AWO Oberlausitz e.V. (Kita-Sozialarbeit), Berufsschulzentrum Görlitz/Fachschule für Sozialwesen (Lehrkraft), DRK KV Görlitz Stadt und Land e.V. (Leitungskraft), Ev. Kirchenkreis Schlesische Oberlausitz (Fachberatung), Ev. Versöhnungskirchengemeinde Görlitz (Leitungskraft), Kindertageseinrichtung in Rietschen (Leitungskraft), Zittauer Kindertagesstätten gGmbH »gernegroß« (Fachkräfte), Hochschule Zittau/Görlitz/Fakultät Sozialwissenschaften (Professor der Sozialen Arbeit), Kunnerwitzer Kinder- und Jugendhaus e.V. (Leitungskraft), Landkreis Görlitz/Jugendamt (Fachberatung), Städtische Kindertageseinrichtung in Görlitz (Fachkraft), Städtische Kindertageseinrichtung in Weißwasser (Kita-Sozialarbeit)

Den Mitwirkenden der Fachgruppe Außenblick danken wir für die wertvollen spezifischen Rückmeldungen und Ergänzungen:

Fachgruppe Außenblick

Landkreis Görlitz/Jugendamt (Allgemeiner Sozialer Dienst), Vogtlandkreis/Jugendamt (Netzwerke Kinderschutz und Frühe Hilfen), Trude e.V. – Verein gegen sexualisierte Gewalt und für sexuelle Selbstbestimmung (Fachberatung), KINDERLAND Sachsen e.V. (Beratungs- und Vermittlungsstelle für Kindertagespflege), Stadt Leipzig/Gesundheitsamt/Abteilung Verwaltung und Digitalisierung, Bereich Bundeskinderschutzgesetz (Familienhebammen), AG für Familienbildung Bischofswerda e.V. (Leitung), Stadt Dresden/Amt für Gesundheit und Prävention/Abteilung Kinder- und Jugendgesundheit, Kindertagespflegepersonen

Vielen Dank für die hilfreiche Einordnung in die Gesetzbücher sowie die Unterstützung zur Verknüpfung von rechtlichen und pädagogischen Aspekten:

Juristische Begleitung

Prof. Beate Naake (Evangelische Hochschule Dresden, Professur für Recht und Verwaltung), Deutsches Institut für Jugendhilfe und Familienrecht e.V. (DIJuF), Silke Brewig-Lange (Vorsitzende des DKSB Landesverband Sachsen e.V.)

Begleitmaterial

Der Entwicklung dieser Reflexions- und Orientierungshilfe ging ein langer und breit aufgestellter Beteiligungsprozess auf verschiedenen Ebenen in Sachsen voraus. Der Prozess und die Beteiligungsebenen sind auf der Website orientierungskatalog.de ausführlich dargestellt. Zusätzlich möchten wir Ihnen auf dieser Website ergänzende Materialien zur Verfügung stellen.

E-Learning »Orientierungskatalog für Fachkräfte in Kita«

Sie sind Kita-Leitung oder Fachberatung und wollen den Katalog in Kita-Teams einführen? Sie fragen sich aber, wie man das praktisch und nachhaltig umsetzt? Begleitend zum Orientierungskatalog bieten wir ein E-Learning, das Sie als Leitung/Fachberatung zur praktischen Arbeit mit Ihrem Team nutzen können. Sie lernen, u.a.

- die Systematik des Katalogs und die zugrundeliegende pädagogische Haltung kennen,
- wie Sie auf Bedenken in Ihrem Team eingehen können,
- wie Sie den Katalog fallorientiert und präventiv in der täglichen Arbeit umsetzen.

Dazu stellen wir Ihnen einen Erklärfilm, Vorlagen und Methoden zur Verfügung.

Karikaturen zur Reflexion »Grenzverletzungen im Kita-Alltag«

In Zusammenarbeit mit Fach- und Leitungskräften aus Kita sowie Kita-Fachberatungen sind zehn Karikaturen zur Reflexion entstanden. Bewusst überspitzt beschreiben sie Situationen aus dem pädagogischen Alltag in Kindertageseinrichtungen, in denen Grenzverletzungen durch Fachkräfte vorkommen können. Ergänzt mit einem Methodenheft sollen sie dazu anregen, sich selbst und Situationen in der eigenen Einrichtung zu reflektieren, im Team ins Gespräch zu kommen sowie unbewusste Verhaltensmuster aufzudecken und zu verändern. Das Karikaturenset können Sie erwerben unter der E-Mail: nwb@tierra-goerlitz.de

Kartenset »Teams praktisch stärken – Methoden zur Reflexion pädagogischen Verhaltens«

Das Kartenset zur Nutzung des Orientierungskataloges ermöglicht Ihnen, sich in lebendiger Art und Weise den angesprochenen Themen im Katalog gemeinsam mit Ihrem Team anzunähern.

Diese Materialiensammlung besteht aus 25 unterschiedlichen Methoden, 50 Situationskarten aus den verschiedenen Kategorien und 50 Fragekarten. Das Kartenset unterstützt:

- die Anwendung des Orientierungskataloges,
- die Reflexion des eigenen Verhaltens und der eigenen Biografie,
- den Austausch im Team zu einzelnen Situationen im Kita-Alltag,
- die gemeinsame Diskussion mit gezielten Fragen und Beispielen,
- die konzeptionelle Weiterentwicklung.

https://orientierungskatalog.de/